Die Einstellung des Civilprozeßverfahrens zu Gunsten der Militairpersonen.

Erläuterungen des Bundesgesetzes vom Juli 1870.

Von

Dr. W. Endemann

Professor und Ober-Appellationsgerichtsrath.

(Separatabdruck aus der „Zeitschrift für Gesetzgebung und Rechtspflege.“)

Berlin 1870.

Verlag von J. Guttentag.

Vorbemerkung.

Das vorliegende Gesetz verdankt zunächst dem Bedürfniß der älteren Preußischen Rechtsgebiete diesseits und jenseits des Rheins seine Entstehung.

Zwar enthielt die Allgemeine Gerichtsordnung Theil I., Tit. 20, §. 8—12 gewisse Vorschriften über die Einwirkung des Krieges auf das Civilprozeßverfahren. Indessen erschienen diese theils von einem Justitium, theils von einer Sistirung handelnden Bestimmungen schon im Jahre 1792 so unzureichend, daß unter dem 3. September 1792 ein besonderes Reskript erging, „wie es mit den Rechtsangelegenheiten der in's Feld gerückten Militärpersonen gehalten werden soll.“ Neue Kriege riefen das Reskript vom 21. September 1806 und die, im Wesentlichen nur eine andere Redaktion des Reskripts von 1792 enthaltende Verordnung vom 30. Juli 1812, „betreffend die Suspension der das Militär angehenden Prozesse“ hervor, woran sich für die Freiheitskriege die Allerhöchste Kabinetsordre vom 4. Mai 1813 anschloß. Alle jene Erlasse beschränkten sich auf einen bestimmten Krieg und wurden nach dessen Beendigung jedes Mal außer Kraft gesetzt.

Während bei späteren Mobilmachungen der Preußischen Armee der in der Allg. G.-O. gewährte Schutz einstweilen ausreichend erschien, weil die Kriegsgefahr bald wieder verschwand oder der Krieg, wie der von 1864 gegen Dänemark, nur geringere Ausdehnung gewann, versetzte der Krieg von 1866 die Gesetzgebung wieder in die Lage besondere Maßregeln ergreifen zu müssen.

Auf Grund der gemachten Erfahrungen und bei der wesentlich veränderten Heereseinrichtung mochte sich die Legislation nicht entschließen, lediglich die Erneuerung einer der älteren Verordnungen vorzunehmen. Vielmehr wurde, obwohl auf Grundlage der V. O. vom 30. Juli 1812 und mit Berücksichtigung der Allg. Gerichts-Ordnung [1]), nach Aus-

[1]) Die Parallelstellen sind unten zu den einzelnen Artikeln angezogen. Ueber den Verlauf der älteren Gesetzgebung enthalten Näheres die Motive der dem Preuß. Landtage und Herrenhause in der 2. Sitzungsperiode 1866 gemachten Vorlage; S. 9—11.

bruch des Krieges in aller Eile eine neue Verordnung, „betreffend die Einstellung des Civilprozeßverfahrens gegen die Militärpersonen" abgefaßt, am 2. Juli 1866, gegeben zu Gitschin, von dem König unterzeichnet, und sofort publizirt.[2]) Dem Abgeordneten- und Herrenhause, in Gemäßheit Allerhöchster Ermächtigung d. d. Nikolsburg, den 22. Juli 1866 vorgelegt und auf Bericht der Justizkommissionen[3]) laut Bekanntmachung vom 29. September genehmigt,[4]) wurde dieselbe durch V. O vom 9. November 1866 von dem 1. Januar 1867 ab außer Kraft gesetzt.[5])

Wenn jemals Ursache zu einem gesetzgeberischen Akte in der angegebenen Richtung vorhanden war, so ist dies unzweifelhaft bei dem gegenwärtig im Ausbruch begriffenen Kriege der Fall. Die vermuthliche Ausdehnung desselben und der Umfang der allgemeinen Mobilmachung ließen für Preußen, nach dem für den größten Theil seines Gebietes bestehenden Recht, ein Gesetz ähnlichen Inhaltes, wie die früheren Verordnungen, unumgänglich erscheinen. Die Einheit der Bundesverfassung und die Einheit der Heereseinrichtung aber forderte ein Gesetz, welches zugleich für das ganze Bundesgebiet anwendbar ist. Es war daher nicht daran zu denken, ohne jegliche Modifikation kurzweg die Verordnung von 1866 neu zu publiziren, da diese, selbst wenn sie nur für Preußen bestimmt wäre, mit Rücksicht auf die seit 1866 neu erworbenen Provinzen gewisser Veränderungen bedurfte.[6])

Unter solchen Umständen hat sich der Bundesrath beeilt, dem Reichstage den Entwurf eines einheitlichen Gesetzes für den ganzen Norddeutschen Bund vorzulegen. Zu diesem Behufe wurde die mit der Ausarbeitung einer Civilprozeßordnung beauftragte Kommission am 16. Juli d. J. beauftragt, die Verordnung von 1866 einer Revision zu unterziehen.

In zwei Sitzungen am 17. und 18. Juli entledigte sich die letztere dieses Aufrags. Am 19. vom Bundesrath genehmigt, wurde der Entwurf des Gesetzes am 20. von dem am 19. zusammengetretenen Reichstag in drei Lesungen am 21. ohne jede Diskussion genehmigt und an demselben Tage publizirt. Es ist mithin möglich gewesen, zeitiger, als 1866, unmittelbar nach erfolgter Kriegserklärung und Mobilmachung und noch vor Eröffnung der Feindseligkeiten im normalen gesetzlichen Wege diejenige Fürsorge zu treffen, welche die allgemeine Wehrpflicht, indem sie eine große Menge in den mannigfachsten Verkehrs- und Rechtsbeziehungen stehender Bürger zu den Fahnen ruft, zur gebieterischen Pflicht macht.

Die Kürze der zugemessenen Frist bei einem so plötzlich ausgebrochenen Kriege hat es unmöglich gemacht, ein völlig neues Gesetz zu

---

[2]) S. Gesetzsammlung für die Königl. Preuß. Staaten, 1866 S. 375.

[3]) Der Bericht des Abgeordnetenhauses ist im Folgenden mehrfach benutzt worden; der Bericht des Herrenhauses giebt dazu keine Veranlassung.

[4]) Gesetzsammlung u. a. a. O. S. 609.

[5]) S. das. S. 695.

[6]) Mehrerer anderer Umstände, wie des im gegenwärtigen Moment völlig unmöglichen Hinweises auf ein Dekret vom 6. Brumaire V in §. 15, nicht zu gedenken.

entwerfen. So sehr man vielleicht geneigt gewesen wäre, durch einige allgemeine durchschlagende Sätze die auch noch in der Verordnung von 1866 reichlich enthaltenen Reste kasuistischer Spezialbestimmungen zu beseitigen, blieb doch im Drange der Umstände keine Wahl. Jene Verordnung war als die gegebene Basis zu betrachten. Ein nicht unerheblicher Theil der Norddeutschen Rechtsgebiete würde ein besonderes Gesetz überhaupt kaum vermißt haben. Ueberall, wo in dem umfassenden Maße des gemeinen Rechts die Möglichkeit der Restitution, namentlich aus dem hier im eminentesten Sinne zutreffenden Grunde der reipublicae causa absentia gewährt ist, können die Interessen der in's Feld ziehenden Krieger schon dadurch für genügend geschützt gelten. Indessen, ein gemeinsames Gesetz des Norddeutschen Bundes mußte es sein. Gegenüber dieser Nothwendigkeit war es andererseits unvermeidlich, auch die augenblicklich an diesem einzelnen Punkte unmöglich zu beseitigende Verschiedenheit der Partikularrechte innerhalb des Bundes zu berücksichtigen. Eben deshalb konnte es sich aber auch nicht darum handeln, die spezifisch aus Eigenthümlichkeiten des Alt-Preußischen Rechts hervorgegangenen Bestimmungen der Verordnung von 1866, welche für andere Theile Preußens und des Bundes weder nothwendig, noch sympathisch, zum Theil kaum verständlich sind, um jeden Preis zu beseitigen. Sobald auf deren Beibehaltung entschieden Werth gelegt wurde, durfte und mußte von einer Streichung oder Umänderung abgesehen werden, wenn nur die Beibehaltung für die übrigen Rechtsgebiete keinen positiven Schaden drohte.

Aus den nämlichen Gründen mußte der sonst nahe liegende Gedanke, anstatt abermals nur ein Zeitgesetz für den soeben ausgebrochenen Krieg ein überhaupt für Kriegsfälle anwendbares Gesetz zu erlassen, verworfen werden. Wäre es auch möglich gewesen, trotz der Verschiedenheit der Prozeßrechte ein solches Gesetz zu entwerfen, so mahnte doch schon der Hinblick auf die in nächster Zeit zu erwartende gemeinsame Civilprozeßordnung, durch welche eine ganz neue Grundlage gegeben wird, von einem solchen Unternehmen ab.

Das Gesetz, obwohl in jeder Beziehung nur von transitorischer Beschaffenheit, ist durch den subjektiven und objektiven Umfang seiner Wirksamkeit so wichtig, daß eine erklärende Bearbeitung wohl keiner weiteren Rechtfertigung bedarf.[7]) Nicht blos um der gegenüber der Verordnung von 1866 beliebten Modifikationen und nicht blos um des gegenseitigen Verständnisses der unter einander abweichenden Partikularrechte willen dürften einige Erläuterungen wünschenswerth sein. Auch da, wo die Grundlage, die Verordnung von 1866 unverändert beibehalten wurde, ist dazu umsomehr Anlaß, als dieselbe während der Dauer

[7]) Wenn ich der Anregung für das praktische Bedürfniß Etwas zu thun und durch Auslegung hier und da nachzuhelfen, Folge gegeben habe, in der Hoffnung, damit einigen Nutzen zu stiften, so bescheide ich mich gern, daß bei größerer Muße, als sie die Zeitverhältnisse gestatten, mehr und Besseres geleistet werden könnte. Im Drange der Umstände war namentlich eine eingehendere Behandlung der einschlagenden Punkte des Preuß. Rechts unmöglich.

ihrer Geltung im Jahre 1866 eine umfassendere Bearbeitung nicht erfahren hat.[8])

Der einfache Grundgedanke des Gesetzes, der keiner weiteren Begründung bedarf, der aber deshalb hervorgehoben zu werden verdient, weil er für die Auslegung der einzelnen Paragraphen immer unverrückt festgehalten werden muß und bedeutsam wird, ist der:

Wer sich in dem Kriege dem Dienste des Vaterlandes widmet, soll in seinen Rechtsangelegenheiten, soweit als möglich, vor jedem Schaden behütet werden, welcher ihm durch diesen Dienst und die damit verbundene Unmöglichkeit, seine Angelegenheiten zu betreiben, erwachsen könnte.

Zu dem Ende ergreift das Gesetz in seiner dermaligen Gestalt zwei große Maßregeln:

1) einmal die Einstellung des Prozeßverfahrens gegen Militärpersonen.[9]) Darauf bezieht sich der bei Weitem größte Theil des Gesetzes, die §§. 2—12.

Neben dieser prozeßrechtlichen Bestimmung verfügt aber das Gesetz

2) das Ruhen der Verjährung im Sinne des materiellen Rechts in §. 14.

Insofern ist der Titel des Gesetzes, „betreffend die Einstellung des Civilprozeßverfahrens" zu eng.

§. 1.

Für die Dauer des gegenwärtigen Kriegszustandes gelten die in den §§ 2. bis 15. enthaltenen Bestimmungen.

In §. 1 legt sich das Gesetz selbst, indem es die Dauer seiner Geltung bezeichnet, den Karakter eines transitorischen bei; während von der Dauer der in Folge dieses Gesetzes eintretenden Einstellung im §. 7 die Rede ist.[10])

Für die Dauer des Kriegszustandes. Wann und wie derselbe endet s. §. 15. Der erklärte „Kriegszustand" ist maßgebend, nicht die Eröffnung der Feindseligkeiten, nicht der thatsächlich in Führung begriffene Krieg.[11])

Da das Gesetz mit der Publikation in Kraft getreten ist (§. 16) und zur Zeit der Publikation bereits die offizielle Kriegserklärung, am 19. Juli, ergangen war, so hat die Geltung des Gesetzes eben mit dem Tage der Publikation begonnen.

Gelten — Bestimmungen. Sie gelten, soweit ihr Umfang sich erstreckt, unbedingt nach der Bundesverfassung Art. 2 vor allem

---

[8]) Die wenigen Darstellungen und Entscheidungen einzelner Punkte sind im Folgenden an ihrem Orte angezogen.

[9]) S. über die Definition zu §. 2, I B.

[10]) Die vorübergehende Geltung des Gesetzes in der V. O. von 1866 nur im Eingang mit den Worten „in Veranlassung des gegenwärtigen Krieges" angedeutet und erhellt im Uebrigen aus dem dortigen §. 14. Es ist angemessener erachtet worden, statt dessen den §. 1 zu bilden.

[11]) So wenig wie zu §. 15 der Friedensschluß oder die Demobilisirung.

Landesrecht. Mit Beendigung ihrer Geltung (§. 15) tritt das Landesrecht, mithin für Alt-Preußen die Allg. G.-O., soweit sie durch dieses Gesetz ad tempus beseitigt war, wieder in volle Kraft. Die älteren Preußischen Reskripte und Verordnungen, welche zeitweise Geltung hatten, (s. Vorbemerk.) sind für das Bundesgesetz, selbst innerhalb Preußens, höchstens Interpretationsmittel und selbst das nur in untergeordnetem Maße, da für die Faktoren der Bundesgesetzgebung die Motive der Preußischen Legislation keineswegs maßgebend gewesen sind.[12])

§. 2.

In allen Civilprozessen, in welchen eine bei den mobilen oder gegen den Feind geführten Truppen der Land- und Seemacht, oder bei den Besatzungstruppen einer vom Feinde eingeschlossenen Festung im Kriegsdienste stehende oder zu solchen Truppen vermöge ihres Amtes oder Berufes gehörende Person (Militairperson) als Hauptpartei oder als Nebenpartei betheiligt ist, wird das Verfahren eingestellt.

Als Militairpersonen im Sinne dieses Gesetzes gelten auch die von dem Feinde weggeführten Geißeln und Gefangenen.

(Allg. G.-O. I., 20, §. 11; V. O. von 1812 §. 1; V. O. von 1866 §. 1.)

Der Paragraph enthält den Hauptsatz. Er bestimmt den subjektiven und objektiven Umfang, für den das Gesetz ertheilt ist, und die eine der am Schlusse der Vorbemerkung bezeichneten Wirkungen. (Nr. 1.)

I. Bei Bestimmung des subjektiven Umfangs, für welchen das Gesetz wirksam werden soll, geräth leicht das Bestreben, möglichst bereitwillige Ausdehnung auf Alle und Jede, welche direkt oder indirekt zu dem Zwecke des Krieges dienen oder ihre Kräfte aufwenden, mit der Rücksicht, eine ausnahmsweise, den regelmäßigen Gang der Rechtsübung störende Maßregel nicht über das nothwendige Maß auszudehnen, in einen gewissen Widerstreit. Mit völliger Schärfe die rechte Grenzlinie zu treffen, ist kaum möglich. So wenig wegen der in den eigentlichen Heeresdienst eingestellten Personen irgend ein Zweifel sein kann, so gibt es doch eine ganze Reihe anderer, nicht unmittelbar zum Heere oder zur Heereseinrichtung gehöriger Personen, bei denen Zweifel nicht ausgeschlossen sind. Das Gesetz vermag eine erschöpfende rubrikenmäßige Aufzählung nicht zu geben. Dasselbe beschränkt sich auf die Bezeichnung der im Allgemeinen leitenden Kriterien und überläßt es der konkreten Prüfung, darnach mit den besonderen Verhältnissen und Zweifelsfällen fertig zu werden.

---

[12]) Dem Bundesrathe und dem Reichstage sind Motive überhaupt nicht mitgetheilt worden. Man hat nirgends auch nur auf die Motive der V. O. von 1866 oder die Kammerverhandlungen von 1866 hingewiesen. Es würde daher unrichtig sein, wenn man wesentlich und direkt daraus für das Bundesgebiet Folgerungen ziehen wollte. Das Bundesgesetz muß, so gut es geht, aus sich selber verstanden werden, was indessen nicht ausschließt, hie und da auch die Motive der V. O. von 1866 als unterstützende Nebenargumente zu benutzen.

Das Gesetz bezeichnet zunächst:

A. Die Truppen der Land- und der Seemacht, auf welche sich überhaupt die weiter folgenden Vorschriften beziehen. Dies sind:

1) Die mobilen Truppen des Landheeres und der Flotte; d. h. die wirklich mobil gemachten Theile. Wenn sich die am 15. Juli angeordnete Mobilmachung auf das ganze Heer und die ganze Flotte, mithin auf alle Truppentheile erstreckt, so ist eine Unterscheidung müßig. Wenn jedoch ungeachtet der allgemeinen Mobilisirung einzelne Truppentheile nicht mobil erklärt werden, so fallen solche nicht unter diese Rubrik des §. 2. „Mobil" ist ein technischer Begriff. Die mobile Eigenschaft wird durch die allemal ergehende besondere Anordnung der Mobilmachung in kenntlicher Weise festgestellt.[12a]) Sobald der betreffende Truppentheil mobil geworden, ist der Boden für die Wirksamkeit des Gesetzes bezüglich aller zu demselben gehörige Personen gegeben. Bei den Truppentheilen, welche zur Zeit seines Geltungsbeginnes (§. 16) bereits die Mobilisirungsordre erhalten hatten, hat das Gesetz schon für alle bei diesen Truppentheilen im Dienste stehenden Personen unmittelbar vom Tage seiner Publikation an volle Wirkung; für die später hinzutretenden Personen aber erst nach Maßgabe des §. 4, Abs. 2. Ist einmal die Mobilisirung eingetreten, so steht der Umstand, daß sich der Truppentheil noch an seinem Garnisonsorte befindet, unzweifelhaft nicht entgegen.

2) Die gegen den Feind geführten Truppen der Land- und Seemacht, auch wenn sie nicht mobil sind. Dadurch sind die Fälle gedeckt, in denen möglicherweise Truppen an dem Kriege theilnehmen, die noch nicht mobil gemacht sind oder die überhaupt nicht mobil gemacht werden. Nur müssen es Truppen sein, welche als wirkliche Bestandtheile der Land- und Seemacht eingereiht und als solche gegen den Feind befehligt sind. In wie fern dies bei Abtheilungen zutrifft, die von Haus aus nicht zu dem Heer oder der Flotte gehören, wie Küstenwächter, Schützenkompagnien u. dgl., ist nach den Umständen zu prüfen.

3) Die Besatzungstruppen einer vom Feinde eingeschlossenen Festung. Natürlich ist zu deren besonderer Erwähnung nur insofern Anlaß, als sie nicht schon zu den mobilen Truppen (Nr. 1) gehören. Ist die Festung eingeschlossen, so kommt das Gesetz den unter diese Rubrik fallenden Besatzungstruppen nicht minder wie den mobilen Truppen, und zwar nicht blos in Bezug auf ihre an andern Orten schwebenden, sondern auch in Bezug auf diejenigen Prozesse zu Gute, welche bei den Gerichten des Garnisonsortes selbst anhängig sind. Wann die Voraussetzung des Eingeschlossenseins und damit der Anfang für die Wirksamkeit des Gesetzes vorhanden sei, ist eine thatsächliche Frage. Für die außerhalb der Festung gelegenen Gerichte wird die eingetretene Unmöglichkeit einer Behändigung an die in derselben befindlichen Personen, welche ohnehin die Fortsetzung des Prozesses thatsächlich unmöglich macht, entscheidend sein. Die Erklärung des Be-

[12a]) Kommiss.-Bericht des Abgeordnetenhauses zu der V. O. von 1866 §. 1.

lagerungszustandes genügt noch nicht, den §. 2 in Wirksamkeit zu setzen. Es kommt auf die thatsächliche Einschließung an.

B. Was nun die einzelnen Personen betrifft, auf welche sich das Gesetz erstrecken soll, so sind dies einmal

1) alle bei den unter A. 1–3 bezeichneten Truppen im Kriegsdienste stehende Personen.

„Im Kriegsdienst" ist umfassend dahin zu verstehen, daß keineswegs nur die eigentlichen Kombattanten gemeint sind. Alles, was nach der Verfassung des Heeres und der Flotte behufs des Kriegsdienstes den Truppen eingereiht oder zugetheilt ist, gehört hieher.

„Stehend" bezeichnet das faktische Verhältniß dessen, der sich wirklich im Dienste befindet. Es kann nicht die Meinung sein, das Gesetz auf solche beurlaubte oder zur Zeit nicht im Dienste befindliche Leute zu beziehen, die zwar nach dem gewöhnlichen Sprachgebrauch bei einem gewissen Regimente u. dgl. im Dienste stehen, d. h. demselben zugetheilt sind, aber aus irgend einem Grunde zum Dienst nicht eingezogen worden. Andererseits versteht sich von selbst, daß nach erfolgtem Eintritt in den Dienst bis zur Entlassung aus demselben die Eigenschaft der Militärperson durch die etwaige Unmöglichkeit, wirklich den Dienst zu thun, z. B. wegen Verwundung, Krankheit oder Gefangenschaft (vgl. unten Nr. 3), nicht aufgehoben wird.

Sodann gehören hieher

2) die zu solchen Truppen vermöge ihres Amtes oder Berufes gehörenden Personen. In der Verordnung von 1866 hieß es: ihres Amtes oder Berufs halber befindliche Person. An Stelle dieses Ausdrucks ist der vorliegende gewählt worden, um hervortreten zu lassen, daß nicht das bloße faktische Sichanschließen an einen Truppentheil genügt, wie dies insonderheit bei Krämern, Marketendern, Lieferanten, Fuhrleuten, Berichterstattern der Zeitungen, Malern und Photographen vorkommt, die auf eigene Hand, insbesondere des Erwerbes halber dem Heere folgen. Die betreffenden Personen, wozu namentlich auch die für die Krankenpflege bestimmten zu zählen sind, müssen zu den Truppen gehören, also in einem anerkannten Verbande zu denselben stehen.[13])

Dagegen ist es nicht die Absicht des Gesetzes, die in solchem Sinne zu den Truppen gehörenden Personen anders zu schützen, als diese selbst, also auf die bloße Zugehörigkeit hin, ohne daß sie sich bei den Truppen zu befinden brauchten. Die zu Hause verbleibenden Lazarethbeamten, Lieferanten u. s. w., wenn sie auch im Verbande mit den Truppen stehen, unter dieses Gesetz zu stellen, ist gewiß kein Grund. Genau genommen ist also im §. 1 zu lesen: gehörende und bei denselben sich befindende Personen.

Vermöge ihres Amtes oder Berufs. Ein öffentliches oder gar Staatsamt wird nicht vorausgesetzt; am wenigsten ein solches, das unmittelbar in Beziehung zu dem Kriegsdienst steht. Zunächst sind die

[13]) Hiernach ist die aus der V. O. von 1866 entstandene Streitfrage, wegen der Marketender, vgl. Preuß. Anwaltszeitung 1866 Nr. 36, dahin gelöst, daß nur die engagirten Marketender unter das Gesetz fallen.

zahlreichen Personen gemeint, welche, ohne eigentlich zum Militair zu gehören, auf Anordnung der Befehlshaber bestimmte, zum Theil gar nicht zu entbehrende, Dienste verrichten. Es kann auch eine an sich private Thätigkeit sein. Man hat sogar hinsichtlich der Kranken- und ähnlicher Vereine u. dgl. nicht zu fragen, ob sie als Staatseinrichtungen oder von Staatswegen anerkannt sind. Vielmehr ist es hinreichend, wenn sie mit ausdrücklicher oder stillschweigender Zustimmung der zuständigen Stelle als zu den Truppen gehörig bezeichnet werden können. Es erhellt, daß unter diese Rubrik sehr wohl auch Frauen gehören können.

In dem Gesetze eine genauere Abgrenzung zu versuchen, wäre gerade an diesem Punkte eiteles Bemühen. Die konkrete Entscheidung muß auch hier das Beste thun.

Die unter Nr. 1 und 2 begriffenen Personen nennt das Gesetz technisch Militärpersonen. Die Definition derjenigen, für welche das Gesetz ertheilt ist, erscheint freilich damit nicht erschöpft. Denn nicht nur erweitert §. 13, indem er eine Reihe von Personen den Militärpersonen gleichstellt (s. davon unten zu §. 13), deren Umkreis, sondern es erklärt auch §. 1 in Abs. 2.

3) die vom Feinde weggeführten Geiseln und Gefangenen vermöge einer Fiktion selbst dann für Militärpersonen, wenn sie nicht schon zu den Militärpersonen der Nr. 1 oder 2 gehören. Für die letzteren würde es einer solchen Bestimmung nach dem oben zu Nr. 1 a. Schl.) Bemerkten nicht bedürfen.

Nach diesem Allem ist keineswegs die Stellung der betreffenden Person unter Militärgerichtsbarkeit entscheidendes Merkmal für die Anwendung des Gesetzes. Wenn gleich dasselbe bei den Meisten (vgl. Nr. 1) zutrifft, so ist doch mit Vorbedacht nirgends in dem Gesetze darauf verwiesen worden.[14])

II. Dem objektiven Umfange nach bezieht sich §. 2

A. auf alle Civilprozesse der unter I. aufgeführten Personen, und zwar hier, wie der Zusammenhang (s. unten B.) ergibt, die zur Zeit, wo das Gesetz für die betreffende Person durch Eintritt der unter I. B dargestellten Voraussetzungen[15]) wirksam wird, schwebenden, mindestens durch An- oder Zustellung der Klage bereits anhängig gewordenen.

Der keineswegs einfache[16]) Begriff des Civilprozesses ist nicht näher definirt. Im Einzelnen wird daher das Landesrecht zu Hülfe zu nehmen sein. Indessen läßt sich einmal nicht bezweifeln, daß das vorlie-

---

[14]) Diese Bemerkung scheint gegenüber der Deduktion in der Preuß. Anwaltszeitung a. a. O. S. 565 nicht überflüssig zu sein.

[15]) Die Bestimmung bezieht sich also auch auf Prozesse, welche nach Publikation dieses Gesetzes anhängig geworden sind, sofern dies vor Beginn der Eigenschaft einer Militairperson geschah. Ueber neue Klagen, welche die letztere anstellt, oder mit denen sie verklagt wird, s. unten IV.

[16]) Wetzell, System des Civ.-Proz. §. 1; Renaud, Lehrb. des gem. Civ.-Proz. §. 1; Endemann, das deutsche Civ.-Proz.-Recht §. 1; Koch, der Preuß. Civ.-Proz. §. 6, 25 ff.

gende Gesetz alle Prozeduren ergreift, welche zur Realisirung streitiger oder nicht erfüllter Ansprüche vor Gericht stattfinden[17]).

Sodann ist namentlich gewiß, daß sich das Gesetz nicht bloß an die Gerichte im engeren Sinne wendet, sondern ebenso an alle anderen Behörden, soweit bei ihnen, wie z. B. Ablösungskommissionen, Grundstückszusammenlegungsbehörden u. dgl., nach der Justizverfassung des Landes Rechtsangelegenheiten, die den Karakter wahrer Civilprozesse haben, zu erledigen sind. Maßgebend ist die objektive Qualität der Sache als Civilprozeß, ohne Rücksicht der Stelle, welche zu deren Erledigung berufen ist.[18]) Gegenüber allen hier noch möglichen Zweifelsfragen ist es gewiß am richtigsten, stets den in der Vorbemerkung aufgestellten Grundgedanken des Gesetzes festzuhalten. Danach wird das Gesetz mit Fug auf alle bei Gerichten oder bei sonstigen Behörden, sofern diese mit gerichtlichen Funktionen betraut sind, anhängigen Prozeduren bezogen, welche die endgültige Aberkennung oder Zuerkennung von Rechten im Sinne des „Prozesses" zum Gegenstande haben.

B. Solche Civilprozesse, in denen eine Militärperson als Hauptpartei oder als Nebenpartei betheiligt ist. Von der in der Verordnung von 1866 §. 1 beliebten Spezialisirung ist abgesehen worden.

Ob die Betheiligung auf der aktiven oder auf der passiven Seite stattfindet, ob also die Militärperson Kläger oder Mitkläger, oder ob sie Verklagter oder Mitverklagter ist, gilt gleich. Das Gesetz geht überhaupt davon aus, daß die Einstellung nicht bloß eine Begünstigung der Militärpersonen sein, sondern eben so gut dem Gegner derselben zu Statten kommen soll.

Von der Hauptintervention ist in §. 9 die Rede. Hier ist nur der Fall der Nebenintervention und zwar ganz allgemein hin, ohne Rücksicht auf die Veranlassung, freiwilliger Entschluß oder mit irgend welchem Zwang versehene Aufforderung,[19]) erwähnt. Es kommt darauf an, daß sich die Militärperson bereits thatsächlich an dem Prozeß betheiligt hat. Die an eine solche Person ergangene Litisdenunziation, Benennung des Auktors oder sonstige Adzitation allein hat noch nicht die Bedeutung, daß §. 2 zur Anwendung kommt,[20]) sondern erst der in Folge einer solchen Maßregel erfolgte Eintritt in den Prozeß, durch den die Militärperson Nebenpartei (Nebenintervenient) geworden ist.

Von anderer Betheiligung an dem Prozeß, denn als Haupt- oder Nebenpartei, redet das Gesetz nicht. Daß, wo die Voraussetzungen des

---

[17]) Ein nach dem Hannöverschen Ges. vom 27. Juli 1852 anhängig gewordenes Mahnverfahren fällt sicher unter §. 2, obwohl das Hannöv. Recht ein solches nicht „Civilprozeß" nennt. Auch würde sonst der größte Widerspruch mit dem Prinzip des §. 14 entstehen. — Im Uebrigen muß namentlich in vielen Fällen, je nach dem Landesrecht unterschieden werden, ob eine Sache der freiwilligen oder der streitigen Gerichtsbarkeit vorliegt.

[18]) Es muß hier genügen, diesen erheblichen Gesichtspunkt anzudeuten; das Weitere ist der sorgsamen Prüfung nach dem bestehenden Recht zu überlassen.

[19]) Wetzell §. 7; Renaud §. 47; Endemann §. 76.

[20]) Offenbar würde damit in Prozessen, bei denen zunächst eine Militärperson gar nicht betheiligt ist, großer Mißbrauch getrieben werden können.

§. 2 vorliegen, die Pflicht als Zeuge oder Sachverständiger in einem Prozesse zu erscheinen, aufhört, und das Nichterscheinen als entschuldigt anzusehen ist, ergibt sich von selbst. Ob deshalb das weitere Verfahren zu sistiren, ist eine außerhalb dieses Gesetzes liegende Frage. Dasselbe gilt von der Frage, welchen Einfluß es hat, wenn ein freiwillig gewählter Prozeßbevollmächtigter durch ein unter den §. 2 fallendes Verhältniß der Fortführung des Prozesses entrückt wird. Darüber ist nach dem sonstigen Prozeßrecht zu entscheiden.[21])

III. Sind die vorgedachten Voraussetzungen erfüllt, so wird das Verfahren eingestellt. In welcher Weise, besagt §. 4, wonach die in der Verordnung von 1866 nur instruktionell lautende Fassung („soll eingestellt werden") verbessert worden ist.

Die Einstellung[22]) ergreift das ganze anhängige Verfahren. Während des nach §. 2 für eine Haupt- oder Nebenpartei begründeten Verhältnisses ruht dasselbe ganz und gar, auch für die Theilnehmer am Prozesse, welche nicht Militärpersonen sind; es sei denn, daß nach den folgenden Paragraphen eine Beschränkung eintritt.

Ueber die Folgen einer Verletzung des hier kategorisch ausgesprochenen Gebotes der Einstellung s. zu §. 4, I. B. a. E., II. A. und §. 6.

IV. Besonderer Erwähnung bedarf, zumal nachdem §. 4 der Verordnung von 1866 gestrichen worden ist,[23]) die Behandlung neuer Klagen,[24]) welche nach Eintritt der Voraussetzungen des §. 2 erhoben werden. Das Gesetz in seiner jetzigen Fassung schweigt darüber gänzlich; hauptsächlich aus dem Grunde, weil durch die in §. 14 aufgenommene Bestimmung die Erhebung neuer Klagen für und gegen Militärpersonen erspart wird. Insofern aus der Unterlassung der Klagenstellung materiellrechtlich kein Nachtheil erwächst, fehlt allerdings jeder Anreiz, dennoch eine Klage anzustellen und einen Prozeß einzuleiten, der alsbald in Gemäßheit dieses Gesetzes doch wieder sistirt werden müßte.

Wenn aber Jemand gleichwohl gegen eine Militärperson klagen will, so verbietet das Gesetz nicht, die Klage, da wo das Gericht dieselbe zu prüfen und mitzutheilen hat, dem Gericht einzureichen und da, wo die Zustellung ohne Mitwirkung des Gerichts erfolgt, dem Zustellungsbeamten (Gerichtsvollzieher) zu übergeben. Allein das Gericht hat Angesichts des §. 2, welcher die Einstellung befiehlt, und insbesondere An-

[21]) Gemeinrechtlich ist hier Restitution wegen gerechter Hinderung des Vertreters bei Schuldlosigkeit der Partei selbst vollkommen möglich. Wie nach anderen Rechten, wenn der Anwalt oder sonstige Bevollmächtigte, zum Dienste eingerufen, es unterläßt, wegen der Vertretung Fürsorge zu treffen oder die Partei zu benachrichtigen, gegen die aus Versäumniß entspringenden Nachtheile und Erkenntnisse zu helfen sei, steht dahin.

[22]) S. über die Wahl dieses Ausdrucks anstatt „Suspension" oder „Sistirung" die Motive zu der V. O. v. 1866 §. 1 Abs. 3.

[23]) Derselbe lautete in (keineswegs glücklicher) Fassung: „Die Vorschriften über die Einstellung des Verfahrens stehen nicht entgegen, daß gegen die Militärpersonen neue Klagen erheben werden. Die Einleitung einer neuen Klage ist aber solange unstatthaft, als das Verfahren ruhen müßte, wenn die Klage bereits eingeleitet wäre."

[24]) Was darunter zu verstehen, s. oben Not. 15.

gesichts des §. 5, wonach keine Frist, also auch keine Einlassungsfrist läuft, eine Klagemittheilung, welche dem Verklagten das nach §. 14 gewährte Recht nicht kränken kann, zu unterlassen, auch wenn die Behändigung an die Militärperson an sich ausführbar erscheint; natürlich ohne gehindert zu sein, die Klage, soweit dies nach dem Prozeßrecht zulässig, auf einseitige Prüfung hin als unbegründet zurückzuweisen, beziehungsweise die Mittheilung zu versagen.[25])

In gleicher Weise ist der Gerichtsvollzieher auf Grund dieses Gesetzes befugt, die Zustellung zu verweigern, wie nicht minder die Militär- (Auditeur, Kompagniechef u. s. w.) oder sonstige Behörde, deren Hülfe zur Ausführung der Zustellung oder Behändigung nöthig wird, berechtigt sein würde, unter Hinweis auf dieses Gesetz ihre Hülfe zu versagen. Ueber Sicherungsmaßregeln, die ergriffen werden können, wo die Klage nicht anstellbar ist, s. unten zu §. 10 Nr. 1.

Erhebt dagegen eine Militärperson nach Eintritt der Voraussetzungen dieses §. Klage, so liegt darin die thatsächliche Erklärung, daß sie nicht sistirt haben will, welche analog dem Antrage nach §. 7 Nr. 2 wirken muß. Stellt sie die Klage durch einen Prozeßbevollmächtigten an, so schlägt außerdem §. 4. Abs. 1 ein.

§. 3.

Die Einstellung des Verfahrens tritt nicht ein:

1) wenn die Militairperson einen Personalarrest erwirkt hat, insoweit es sich um die Entscheidung handelt, ob der Arrest aufrecht zu erhalten oder aufzuheben sei;
2) wenn die Militairperson unter väterlicher Gewalt, Vormundschaft oder Kuratel steht, es sei denn, daß der Rechtsstreit ihre eigenen Handlungen betrifft;
3) wenn die Militairperson als Besitzer eines Gutes, auf welchem ein Pächter oder Verwalter sich befindet, wegen der erst nach der Verkündigung dieses Gesetzes fällig gewordenen Zinsen eines Kapitals, für welches das Gut zur Hypothek haftet, belangt ist. Der Pächter oder Verwalter ist in einem solchen Prozesse zur Vertheidigung der Rechte der Militairperson zuzulassen und zu dieser Vertheidigung von dem Prozeßgerichte aufzufordern, bevor das Kontumazial-Verfahren eintreten kann.

(Verordnung v. 1812 §. 3; Verordnung v. 1866 §. 2.)

---

[25]) Denn dies widerstreitet nicht dem §. 14. — In fine finali handelt es sich darum, ob das Gericht neue Klagen seinerseits wenigstens annehmen und bei sich behalten, oder ob es die Annahme verweigern soll. Das wäre an sich von untergeordnetem Belange, wenn nicht unterstellt werden müßte, daß das Gericht, sofern es die Klagen annimmt, oder in seiner Repositur ruhen läßt, verpflichtet sei, von Amtswegen den Zeitpunkt der Beendigung der Einstellungszeit zu beachten und dann sofort von Amtswegen (auf Grund des ursprünglichen Einreichungsantrags) die Mittheilung vorzunehmen. Wie unzuträglich das werden könnte, ergibt sich leicht.

In verschiedenen Richtungen[26]) wird hier eine Ausnahme von dem Prinzip des §. 2 gemacht. Die Einstellung bezieht sich nicht

1) auf das in Nr. 1 bezeichnete Verfahren.

Unmöglich kann unter Einstellung des Prozeßverfahrens ein von einer Militärperson erwirkter Personalarrest so lange aufrecht erhalten bleiben,[27]) als das Einstellungsrecht nach §. 7 dauert. Um nach dem zu §. 2, II B. z. A. erwähnten Grundgedanken auch das Recht des Gegners zu schützen, ist die vorliegende Bestimmung nöthig.

Sie bezieht sich ebensowohl auf den Fall, daß ein eigener Arrestprozeß anhängig ist, als auf den Fall, wo innerhalb eines anderen Prozesses die Aufrechthaltung eines incidenter erwirkten Personalarrestes in Frage steht.

Sie sagt nur, daß keine Einstellung dieses Verfahrens stattfindet, daß also das Verfahren fortzusetzen ist. Wie letzteres zu geschehen hat, darüber werden keine besonderen Vorschriften ertheilt. Man muß daher so gut als möglich über die Schwierigkeiten hinwegkommen, welche entstehen können, wenn das Prozeßrecht vor der Entscheidung eigentlich Gehör oder Ladung der Militärperson fordert. Der Tendenz der Nr. 1 würde es offenbar widersprechen, wenn unbedingt bis zur Erfüllung aller Voraussetzungen eines zweiseitigen Verfahrens der Personalarrest beizubehalten wäre. In Nothfällen wird nichts übrig bleiben, als selbst ohne Gehör oder Aufforderung der Militärperson den Arrest einseitig oder sogar von Amtswegen zu relaxiren.[28])

2) Der Nr. 2 und ebenso dem §. 11 Nr. 4 liegt ein Gedanke zu Grunde, dem einen schärferen und vollständigeren Ausdruck zu verschaffen leider nicht gelungen ist.

Man möchte zunächst an den Fall denken, daß die Militärperson unter väterlicher Gewalt, Vormundschaft oder Kuratel mit der Folge steht, daß nicht sie selber, sondern der Vater, Gewalthaber, Tutor oder Kurator den Prozeß zu führen hat. Alsdann würde die Bestimmung der Nr. 2 offenbar ungeeignet sein, wenn nach dem Landesrecht das Abhängigkeitsverhältniß die eigene Prozeßfähigkeit des Abhängigen nicht aufhebt. Nicht selten hat Kuratel und namentlich väterliche Gewalt nur die Bedeutung, daß der Kurator oder Vater höchstens zur Assistenz in der Prozeßführung, letzterer mitunter nicht einmal zu dieser berufen ist, ohne daß dem Haussohn die Fähigkeit, den Prozeß auch allein zu führen, versagt ist.[29])

Wo die Dinge so liegen, wäre es mißlich, auf den rein äußerlichen Umstand hin, daß eine väterliche Gewalt oder Kuratel besteht, Nr. 2 anwenden wollen. Nach dem Grundgedanken des Gesetzes gebührt der Militärperson das Recht der Einstellung, sobald sie selbst die

---

[26]) Um namentlich Nr. 1 besser zu decken, ist der Eingang des §. 2 der V. O. v. 1866 modifizirt worden.

[27]) Sofern er nicht schon wegen Mangels anderer Voraussetzungen, wie z. B der nöthigen Kostenvorlage, aufgehoben werden mußte.

[28]) Glücklicherweise werden die Anlaß zu Anwendung der Nr. 1 gebenden Fälle geltend sein.

[29]) Endemann §. 71, II B und eben das Preuß. Recht, Koch §. 84.

eigentlich prozeßführende Partei ist. Dagegen bedarf sie dieses Rechtes nicht, wenn der wahre Prozeßführer der Vater-Gewalthaber, Vormund oder Kurator ist.

Indessen muß zugegeben werden, daß die Fassung der Nr. 2 eine unmittelbare Hindeutung auf diese rationelle, auf einem inneren Grunde beruhende Unterscheidung vermissen läßt. Folgt man rein dem Wortlaute, so kommt es nur auf das thatsächliche Bestehen einer väterlichen Gewalt, Vormundschaft oder Kuratel an, um die Einstellung auszuschließen. Dafür mag zu einiger Rechtfertigung angeführt werden, daß, wo ein Vater, Vormund oder Kurator vorhanden, dieser in der Regel[30]) im Stande ist, als Vertreter der Militärperson zu handeln und demgemäß, wenn er es im Interesse der letzteren findet, durch Antrag nach §. 4 Abs. 1 die Einstellung herbeizuführen (s. unten zu §. 4).

In dieser Beziehung zeigt sich denn, daß zu Nr. 2 der Eingang des §. 3 unmöglich im Sinne eines jede Einstellung unmöglich machenden Verbotes aufzufassen ist. Derselbe ist vielmehr so zu lesen: „tritt nicht kraft des Gesetzes ein“, denn wäre jede Einstellung, auch die nach §. 4 beantragte, alsobald ausgeschlossen, wenn nur die Militärperson in einem derartigen Verhältniß steht, einen väterlichen Gewalthaber oder Vormund, gleichviel unter welchen Verhältnissen, hat, so wäre damit eine Gefahr der Beschädigung eröffnet, die gewiß nicht der Richtung des Gesetzes entspricht; nämlich überall da, wo der Gewalthaber, Vormund oder Kurator seinerseits nicht im Stande ist, die Rechte der von ihm vertretenen Militärperson wahrzunehmen.

Nur für den einen Fall, daß der Vater, Tutor oder Kurator selber Militärperson ist, gewährt das Gesetz in §. 13 eine Aushülfe, anstatt allgemein hin auszusprechen, daß es darauf ankommt, ob ein solcher Vertreter vorhanden und zugleich im Stande ist, für die Militärperson den Prozeß zu führen. Dieser Mangel kann unter Umständen sehr erheblich werden. Wörtlich genommen kommt dem im Felde stehenden Haussohn oder Pflegebefohlenen die Einstellung des Verfahrens nicht zu Gute, wenn auch der Vater oder Vormund in weiter Ferne oder sonstwie vollständig gehindert ist, sich der Prozeßführung anzunehmen. Im Gebiete des gemeinen Rechtes kann man sich freilich mit der Hülfe trösten, welche die Restitution (s. §. 6 Abs. 2) umfassend gewährt. Wo aber nach dem Prozeßrecht die Restitution beschränkt oder beseitigt erscheint, würden unvermeidlich Härten eintreten, deren Voraussicht um so eher anregt, lieber dem oben erwähnten Grundgedanken Raum zu geben.

Ebensowenig, wie die ganze Hauptausnahme der Nr. 2, kann die Unterausnahme: „es sei denn — betrifft“ eine glückliche genannt werden. Unter eigenen Handlungen sollen in erster Linie Delikte, außerehelicher Beischlaf u. s. w., getroffen sein. Indessen fallen unter den als gesetzlicher Ausdruck kaum verwendbaren Begriff[31]), wie auch aus

---

[30]) Doch trifft dies, wie bereits bemerkt, nicht immer zu. Dies erkennen auch die Motive d. V. O. von 1866 S. 21 zu §. 11 Nr. 4 an.

[31]) Das Prozeßrecht redet an einigen Stellen von factum proprium; im Gegensatz des factum alienum (z. B. Savigny, Syst. VII S. 74); aber es fehlt an jeder näheren Definition.

§. 13 Nr. 2 erhellt, nicht minder eigene Rechts- und Vertragshandlungen. Sucht man einen tieferen Grund für diese Unterausnahme, so kann dieser nur darin bestehen, daß trotz der vorhandenen Vertretung der Prozeß eingestellt werden soll, wenn er solche Handlungen betrifft, die wesentlich nur der Militärperson selbst bekannt sind und über die folgeweise der Vertreter ohne Mitwirkung derselben nicht wohl im Prozesse Rede und Antwort stehen kann. Man kann sich vielleicht den undeutlichen Begriff gefallen lassen, indem er jedenfalls in ausgedehntestem Maße der Diskretion der Gerichte Spielraum läßt. Hält das Gericht dafür, daß die Voraus-aussetzung vorliegt, so muß es nach §. 4, sobald keine Vertretung der Militärperson vorhanden, schon von Amtswegen, wenn aber der Gewalthaber Vormund oder Kurator selbst oder ein Prozeßbevollmächtigter desselben da ist, auf dessen Antrag sistiren.

3) Nach Streichung des in der Verordnung von 1866 zu Gunsten des possessorium summariissimum gemachten weiteren Vorbehaltes handelt es sich zu Nr. 3 nur noch um diejenige Ausnahme, welche für nöthig gehalten wurde, weil sonst sogar größeren Grundbesitzern thatsächlich ein ungehöriges Indult der Zinsenzahlung gewährt und dem Gläubiger oft sein Unterhalt entzogen werden[32]) würde. Die ganze Bestimmung ist eine wunderliche Spezialität. Grundbesitzer, die keine Pächter oder Verwalter haben, gelten als kleinere. Sie genießen die Wohlthat der Prozeßeinstellung nach diesem Gesetz, auch wenn die Klage auf die Zahlung von Zinsen eines hypothekarisch gesicherten Kapitals geht.

An solcher Wohlthat, die zum Schaden des oft auf den Zinsenbezug dringend angewiesenen Gläubigers werden kann, soll derjenige Grundbesitzer, *auf dessen* (sc. zur Hypothek haftenden) *Gute ein Pächter oder Verwalter sich befindet*, d. h., wie sich bei dem zweiten Satz bestätigt, wirklich vorhanden ist, nicht Theil nehmen. Ob man damit den gewünschten Unterschied von kleinen und großen Grundbesitzern nur annähernd getroffen, ist hier nicht zu untersuchen. Außerdem wird mitunter die Frage, ob thatsächlich ein Pächter oder Verwalter vorhanden, sich schwieriger erweisen, als es auf den ersten Blick erscheint.

Die Ausnahme gilt nur den *Zinsen*, nicht Altentheils- oder anderen Prästationen, die hypothekarisch oder als Reallast auf dem Gute ruhen; und nur *den erst nach Publikation dieses Gesetzes fällig gewordenen Zinsen*.[33])

Aeltere Zinsraten betreffende Prozesse unterliegen also der Einstellung wie alle anderen.

Als weiterer Grund für die Ausnahme ist die Erwägung erschienen, daß der Pächter oder Verwalter, der sich auf dem Gute *befindet*, im Stande ist, in dem anhängig werdenden Prozesse die Vertheidigung zu

---

[32]) S. Kommiss. Bericht Nr. 50 zu §. 2.

[33]) D. h. insofern die Klage regelmäßig erst nach der Fälligkeit angestellt wird: es kann neu geklagt werden; gegen das oben zu 2, IV Bemerkte.

übernehmen. Er gilt als geborener defensor.[34]) Ohne die am Schluß vorgeschriebene Aufforderung kann nicht kontumazirt werden.[35])

Da hiernach der Verwalter oder Pächter ein „berufener Vertreter“ ist, so kann er, wenn er die Defension übernimmt, kraft des §. 4 Abs. 1 den Antrag auf Einstellung des Verfahrens stellen; zumal wenn er die Verhältnisse nicht genau genug kennt, um sich die Uebernahme des, nach der gemeinrechtlichen Lehre von der Rechtskraft möglicherweise sehr präjudiziellen, Rechtsstreites zuzutrauen. Das Prinzip des Gesetzes und die Analogie der Nr. 2, sowie der Wortlaut des §. 4 Abs. 1 schließen also nicht aus, daß der Effekt der Nr. 3 im Wesentlichen durch den Antrag des Pächters oder Verwalters vereitelt wird.[36])

Soweit das Verfahren fortgesetzt wird, sind auch alle Maßregeln der Sicherung, wie Revenuenbeschlagnahme, Sequestration statthaft, zu denen sich im Laufe des Verfahrens Anlaß ergibt.

§ 4.

Ist die Militairperson durch einen Prozeßbevollmächtigten vertreten, oder ist ein anderer zur Wahrnehmung ihrer Rechte berufener Vertreter vorhanden, so ist nur auf Antrag des Vertreters das Verfahren einzustellen.

In Ermangelung eines Vertreters tritt die Einstellung des Verfahrens kraft des Gesetzes ein, und zwar mit dem Tage, an welchem dieses Gesetz verkündigt ist; sofern die Erfordernisse des §. 2 sich erst später ergeben, mit dem Tage, an welchem dieselben eingetreten sind.

(Ueber die vor der Verordnung von 1866 §. 3, mit welchem §. 4 bis auf eine geringe Modifikation übereinstimmt, liegenden Bestimmungen s. Mot. der Verordnung von 1866 S. 13 zu §. 3.)

Die in §. 2 geordnete Einstellung des Verfahrens findet statt

I. nur auf Antrag bei dem Prozeßgericht

A. in folgenden Fällen:

1) wenn die Militärperson durch einen Prozeßbevollmächtigten vertreten ist, d. h. wenn sie einen für den Prozeß, dessen Einstellung in Frage steht, nach dem Prozeßrecht zulässigen (Anwalt oder Nichtanwalt), gehörig legitimirten Vertreter hat. Ob auf Grund einer ausdrücklich, in dieser oder jener Form erfolgten, oder stillschweigenden Vollmachtsertheilung, oder ob auf Grund einer präsumtiven Vollmacht, ist gleichgültig, wenn ihn nur das Prozeßrecht als Prozeßbevollmächtigten anerkennt. Durch den Ausdruck: „ist sie u. s. w. vertreten“, in Nebenein-

---

[34]) Eine Vorschrift über Citation auf dem Gute ist für Preußen schon in der V. O. von 1866 absichtlich hinweggeblieben. Motive S. 13 zu §. 2.

[35]) Der Bericht des Herrenhauses zur V. O. von 1866 §. 2 fand dies, jedoch ohne Grund, unklar.

[36]) Dieser Erfolg erscheint gegenüber einer so kleinlichen Spezialbestimmung erwünscht. Nur wenn im Eingange des §. 3 die Worte „Tritt nicht ein“ im Sinne eines den Antrag nach §. 4 ausschließenden Verbotes auszulegen wären (s. dagegen oben bei Nr. 2), wäre es anders.

anderstellung mit dem weiteren (s. B.): „ist vorhanden" wird aber zugleich scharf darauf hingewiesen, daß es auf das effektive Vertretensein ankommt. Wenn der Anwalt oder Vertreter durch Einziehung zu den Truppen oder aus anderem Grunde nicht im Stande ist, die Militärperson zu vertreten, so ist nicht Abs. 1, sondern Abs. 2 des §. 4 anzuwenden. Das Erforderniß eines Antrags hängt nicht davon ab, daß die Militärperson Vollmacht ertheilt hat, sondern davon, daß sie in Folge dessen vertreten wird. Ist, gleichviel aus welchem Grunde, sei es auch nicht ohne Schuld der Militärperson, die für wirksamere Vertretung hätte sorgen können, der Vertreter, welcher den Antrag zu stellen hätte, nicht zur Hand, so muß von Amtswegen eingestellt werden.

2) Ist ein anderer — vorhanden. Im Gegensatze zu dem durch Vollmacht nach dem Willen der Partei berufenen ist hier der aus anderem Grunde berufene, also namentlich der gesetzliche Vertreter gemeint.[37])

Hieher gehört, wie bereits früher (zu §. 3 Nr. 2) bemerkt, sowohl der nach dem Landesrecht zur Vertretung berufene Inhaber der väterlichen Gewalt, Vormund oder Kurator, als auch der nach diesem Gesetze in dem besonderen Falle des §. 3 Nr. 3 zur Vertheidigung berufene Pächter oder Verwalter. Nicht daß ein solcher Vertreter überhaupt existirt, sondern daß er vorhanden, also in der Lage ist, den Antrag, wenn er will, stellen zu können, ist entscheidend.[38])

Der einfache Sinn des Abs. 1 ist mithin der: wo Jemand zur Stelle ist, der für die Militärperson reden kann, soll nicht von selbst, auf die Gefahr hin, daß dies gar nicht der Wille der Militärperson,[38a]) sondern erst nach einer in ihrem Namen erfolgten Erklärung eingestellt werden. Insofern besteht nur ein Einstellungsrecht, von dem die Partei durch ihren Vertreter oder der Vertreter im Interesse des Vertretenen Gebrauch machen kann.

B. Der Antrag des Vertreters ist Nichts als eine dem Gericht kundgegebene Erklärung, daß von dem Einstellungsrecht Gebrauch gemacht wird. Die Form ist diejenige, in welcher Erklärungen nach der gegebenen Prozeßart zu erfolgen haben. Außer dem etwaigen Hinweis auf die vorhandenen Erfordernisse des §. 2 bedarf es keiner Begründung.

Ueber den Antrag hat zwar das Gericht insofern zu befinden, als ihm zu prüfen obliegt, ob die gedachten Voraussetzungen desselben erfüllt sind. Allein, wenn darauf Etwas ankommt, so muß die Wirksamkeit der Einstellung jedenfalls schon von dem Tage des begründeten Antrags und nicht erst von dem Tage der späteren Bewilligung des Gerichts datirt werden. Denn das Gesetz knüpft seine Wirkung nur an die Willenserklärung des Vertreters. S. auch zu §. 2, III.

Die Remedur gegen ungerechtfertigte Zurückweisung oder Nichtbeachtung des Antrags ist dieselbe, wie zu Abs. 2. Daß der Antrag widerrufbar ist, ergibt sich aus §. 7.

[37]) S. auch Mot. zu der V. O. von 1866 S. 14 oben.

[38]) Dies erkennen auch die Mot. a. a. O. an.

[38a]) Eine Erwägung, die namentlich in Betreff der Prozesse am Platze, in denen die Militärperson Kläger ist.

Ueber den Antrag auf Einstellung, nachdem das Verfahren auf Antrag fortgesetzt worden war, s. zu §. 7 Nr. 2 a. E.

II. In Ermangelung eines Vertreters, d. h. sowohl wenn gar kein Vertreter existirt, als auch, wenn der existirende Vertreter nicht im Stande ist (s. I. A. 1 u. 2), die Vertretung auszuüben, tritt die Einstellung

A. kraft des Gesetzes (ex lege) ein, d. h. ohne Antrag und sogar ohne Verfügung des Gerichts. Eine Verfügung des letzteren ist zwar nicht ausgeschlossen, hat aber nur die Bedeutung einer Deklaration dessen, was schon unmittelbar aus dem Gesetze folgt. Daher die Ungültigkeit oder Anfechtbarkeit (s. §. 6) alles dessen, was dem Gesetze zuwider, von dem Momente an, wo die Einstellung ex lege beginnt, noch geschehen ist.

Das Gericht hat die Pflicht, dem Gesetze die gewollte Wirksamkeit zu sichern. Es versteht sich daher von selbst, daß es von Amtswegen die ihm in irgend einer Weise gewordene Kunde von dem Eintritt der Voraussetzungen des §. 2 zu benutzen, nöthigenfalls auch von Amtswegen festzustellen hat, ob die Voraussetzungen der gesetzlichen Einstellung für die in einem anhängigen Prozeß betheiligte Person vorliegen.

Zwischen den Prozessen, an welchen die Militärperson aktiv, und denen, an welchen sie passiv betheiligt ist, wird auch hier kein Unterschied gemacht. Die erforderliche Moderation der an sich kraft des Gesetzes gegebenen Wirkung liegt im §. 7 Nr. 2.

B. Die Einstellung kraft des Gesetzes beginnt für den einzelnen Prozeß

1) mit dem Tage der Verkündigung des Gesetzes, wovon nur für die an diesem Tage bereits anhängigen Prozesse die Rede sein kann; vorausgesetzt, daß an dem Tage zugleich die Erfordernisse des §. 2 (s. oben zu §. 2, I. und II.) erfüllt sind.

Wenn letztere sich erst später ergeben,

2) mit dem Tage, an welchem sie eingetreten sind. Dies bezieht sich auch auf die Prozesse, die erst nach dem Tage der Publikation anhängig geworden sind.

Nicht minder, wie das Vorhandensein der Voraussetzungen des §. 2, hat das Gericht den Zeitpunkt, an welchem sie eintreten, wo also z. B. die Einstellung der Partei in den mobilen Truppenkörper, die Einschließung der Festung u. s. w. stattgefunden hat, von Amtswegen zu beachten und zu recherchiren. Denn das Gesetz gebietet einzuhalten, sobald dieselben vorhanden sind.

Immerhin ist es nicht zu vermeiden, daß die Einstellung, wenn dem Gerichte nicht sofort Anregung dazu oder Kunde der einschlagenden Verhältnisse zugeht, thatsächlich sich später vollzieht, als sie das Gesetz eintreten läßt. Das Gericht ist nicht im Stande, die Einstellung zu bewirken, bevor ihm, selbst pflichtmäßige Offizialthätigkeit vorausgesetzt, die Voraussetzungen gegeben sind. Ueber die Remedur gegen dasjenige, was solchergestalt, wenn auch bona fide des Gerichts, nach dem Zeitpunkt, von dem das Gesetz die Einstellung beginnen läßt, etwa geschehen ist, s. zunächst §. 6.

Wenn das Gericht wenigstens noch vor Ertheilung eines Urtheils (im Sinne des §. 6) einhält, so ist in der Regel keine Veranlassung, einzelne Prozeßhandlungen, die dasselbe noch nach dem gesetzlichen Beginn der Einstellung vorgenommen hat, sogleich anzufechten. Ob und in welcher Weise sie später, weil sie die Lage der Partei benachtheiligt haben, anfechtbar sind, beziehungsweise angefochten werden müssen, ist eine Frage für sich, über welche das jeweilige Prozeßrecht entscheidet. [39])

III. Die von dem Gerichte gewährte Einstellung kann natürlich von dem Gegner der Militärperson, denkbaren Falles auch von der letzteren, sofern sie sich durch die von Amtswegen verfügte Sistirung beschwert fühlen sollte, mit dem nach dem Landesrecht geeigneten Rechtsmittel, wozu auch die Justizverweigerungsbeschwerde gehört, angefochten und in Folge dessen von der zuständigen Instanz wieder aufgehoben werden.

Sonst hat der Gegner der Militärpartei nicht weiter dabei mitzureden, ob Einstellung eintreten soll oder nicht. Ein Recht die Einstellung zu beantragen, steht ihm eben sowenig zu, wie ein Recht, die Fortsetzung zu beantragen oder zu verhindern (s. zu §. 7 Nr. 2).

Derselbe braucht auch nicht über den Einstellungsantrag (Nr. I.) oder die bevorstehende Einstellung (Nr. II.) vorher zu einer Erklärung gelassen zu werden. Indessen steht Nichts im Wege, wenn ihn das Gericht zu seiner Information etwa hören will.

§. 5.

Durch die Einstellung des Verfahrens wird insbesondere der Lauf aller Prozeßfristen, einschließlich der Rechtsmittelfristen, gehemmt.

Nach Beendigung der Einstellung beginnt die volle Frist von Neuem zu laufen.

(Verordnung von 1866, §. 5.)

Worin die Folgen der Einstellung bestehen, ist im Näheren nicht definirt worden [40]). Da das Gesetz unbedingt von dem sich aus §. 4 ergebenden Zeitpunkte an die Sistirung befiehlt, so ist es klar, daß jedes dem zuwider stattgehabte weitere Verfahren an sich rechtsungültig und wirkungslos erscheint. Allein hiermit ist nochnicht entschieden, ob nicht, insbesondere, wenn daraufhin ein Urtheil ergangen ist, die Rechtsungültigkeit erst im Wege eines förmlichen Rechtsmittels zur Geltung gebracht werden muß. S. zu §. 6.

Der erste Absatz ist davon eine selbstverständliche Konsequenz. Er dient zur Einleitung des zweiten Absatzes.

Der zweite Absatz der Verordnung von 1866 findet sich nicht mehr vor. Derselbe verfügte, daß die Bestimmung des Abs. 1 dem Gegner

---

[39]) Es kann sein, daß sie das Gericht selber als nichtige kassiren darf, es kann aber auch sein, daß es dazu erst eines Rechtsmittels, vor oder nach erfolgtem Erkenntniß, bedarf. S. weiter zu §. 6 Nr. 1.

[40]) Wie sich dazu die älteren Ges. verhalten s. Mot. der V. O. von 1866 S. 15 a. E.

einer Militärperson nicht zu Statten kommen sollte. Dies würde dem Grundgedanken, daß die wegen des Kriegszustandes eintretende Sistirung nach beiden Seiten hin gleichmäßig wirken soll, widersprechen. Auch konnte es nicht geeignet erscheinen, daß der Gegner der Militärperson lediglich zur Wahrung der Frist seine Prozeßhandlung, Replik, Beweisantretung, Berufungseinführung und dergl. sollte einreichen oder zustellen müssen, während der weitere Fortgang des Verfahrens doch unbedingt zu unterbleiben hätte.

Durch die Streichung des gedachten Satzes steht fest, daß die Einstellung, wie auf die Militärperson, gerade so auch auf deren Gegner wirkt. (Vgl. zu §, II. B.)

Der zweite Absatz, wie er jetzt lautet, ist neu hinzugefügt worden, um den Gedanken abzuschneiden, als ob die Fristen blos in dem Sinne, daß der noch nach der Beendigung (§. 7) der Einstellung nun dennoch rückständige Rest der Frist gewährt sei, unterbrochen würden.

§. 6.

Wenn ein Urtheil erlassen ist, welches in Gemäßheit der §§. 2. bis 5. nicht erlassen werden durfte, so hat die Militairperson gegen dasselbe auf Wiedereinsetzung in den vorigen Stand Anspruch. Die Wiedereinsetzung ist mit einer besonderen Klage zu beantragen. Für die Klage ist das Gericht zuständig, welches das Urtheil erlassen hat. Die Klage muß binnen sechs Wochen nach Ablauf des Tages angebracht werden, an welchem das Hinderniß gehoben ist. Ueber die Wiedereinsetzung und über die Hauptsache wird gleichzeitig verhandelt und entschieden. Konnte die Militairperson mit einem anderen Rechtsmittel Abhülfe erlangen, so steht ihr die erwähnte Klage nicht zu.

Die Bestimmungen der Landesgesetze über die Rechtsmittel der Restitution und der Nichtigkeitsbeschwerde, soweit sie die Anfechtung des Urtheils in einem noch weiteren Umfange gestatten, bleiben unberührt.

Daß das Gesetz die Einstellung befiehlt, genügt noch nicht. Dem gesetzlichen Recht der Parteien auf Einstellung müssen die Mittel gegeben werden, um eine Verletzung desselben zu beseitigen, sowohl in dem Falle, wo die Einstellung auf Antrag, als auch in dem, wo sie kraft des Gesetzes einzutreten hat. S. die Bemerk. zu §. 4.

Der erste Absatz des §. 6 ist wesentlich auf diejenigen Rechte, insbesondere das Preußische berechnet, welche, sobald ein Urtheil ergangen, eine Beseitigung der Wirkung desselben nur im Wege eines förmlichen Rechtsmittels kennen und dabei das Rechtsmittel der Restitution nur beschränkt oder gar nicht zulassen. Für die übrigen Rechtsgebiete ist der wichtige Vorbehalt in Abs. 2 gemacht worden, durch den für sie die Bestimmung des Abs. 1 sehr entbehrlich bleibt.

Im Einzelnen verdient Folgendes bemerkt zu werden:

1) Nur von dem Fall ist die Rede, wenn ein Urtheil erlassen

ist; nicht von dem, schon zu §. 4 berührten Fall, daß das Gericht gegen das Gesetz weiter verfahren, aber noch kein Urtheil gefällt hat. Mithin bleibt es für den letzteren Fall bei dem bestehenden Prozeßrecht. Folgeweise wird da, wo, anders als im Preußischen Recht,[41]) das Institut der prozessualischen Restitution in der Weise existirt, daß keineswegs erst ein Erkenntniß abgewartet zu werden braucht,[42]) die Möglichkeit, schon vor dem Erkenntniß die nachtheiligen Folgen einer ungehörigen Fortsetzung rückgängig zu machen, in thesi nicht geschmälert. Ob die betheiligte Partei in concreto im Stande ist, diese Abhülfe zu suchen, ist eine andere Frage. Macht sie davon keinen Gebrauch, so kann daraus niemals ein bindender Verzicht auf die Rüge der Illegalität geschlossen werden.

Das Gesetz gebietet die Einstellung, und da ein Jeder ohne Weiteres nach diesem Gesetz voraussetzen darf, daß die demselben zuwiderlaufende Fortsetzung des Verfahrens rechtsungültig ist (s. zu §. 5), läßt sich aus dem Schweigen überhaupt niemals eine Anerkennung der letzteren folgern.

2) Unter Urtheil ist, wie aus dem Schlusse des Abs. 1 erhellt, jedes der Rechtskraft fähige Erkenntniß zu verstehen. Nach Preußischem Recht die eigentlichen Urtheile im engeren Sinne, End- und Eideserkenntnisse, wie die zur Gattung der Urtheile gehörigen Resolutionen,[43]) nach anderen Rechten auch die appellablen Zwischenerkenntnisse. Hauptsächlich, wenn auch nicht ausschließlich, hat man an Kontumazialerkenntnisse zu denken.

3) Ist ein solches Urtheil ergangen und ist die Militärperson in der Lage dasselbe mit einem ihr nach dem Landesrecht zustehenden Rechtsmittel anfechten zu können, so ist sie behufs Geltendmachung der Beschwerde, welche sie durch widerrechtliche Nichteinstellung[44]) erfahren hat, auf dieses Rechtsmittel verwiesen. Siehe den Schlußsatz des Absatz 1.

Der nicht ganz korrekte Ausdruck: „konnte sie Abhülfe erlangen" daselbst hat nicht den Sinn, daß darunter auch die erfolglose Benutzung eines solchen Rechtsmittels, wie es das Landesrecht als Appellation, Nichtigkeitsbeschwerde, Restitution, Extrajudizialappellation, Beschwerde, oder unter irgend einem anderen Titel gewährt, zu verstehen wäre, sondern nur den Sinn: wenn die Ergreifung des Rechtsmittels möglich, namentlich noch nicht durch Fristablauf präkludirt ist.

4) Ist diese Präklusion eingetreten oder ist aus irgend einem anderen Grunde ein Rechtsmittel nicht mehr vorhanden,[45]) so würde

---

[41]) Koch §. 374 ff.

[42]) Vgl. Wetzell §. 53; Renaud §. 188, 191; Endemann §. 112.

[43]) Koch §. 140 Nr. II.

[44]) Nur darum handelt es sich im Rahmen dieses Gesetzes. Ob die Partei außerdem das Verfahren anfechten darf, weil ihr überhaupt nicht wirksam während ihrer Hinderung zugestellt werden konnte, ist eine Frage, die außerhalb desselben liegt, also nach dem dortigen Prozeßrecht zu entscheiden ist.

[45]) Z. B. weil es das letztinstanzliche Erkenntniß, oder ausnahmsweise nach dem bestehenden Recht das Rechtsmittel versagt ist.

die Partei schutzlos sein; vor Allem nach dem Preußischen und anderen Rechten, welche die Restitution gegen Erkenntnisse nur in beschränktem Umfange und binnen kurzer Frist gestatten.[46])

Der §. 6 giebt daher subsidiär, wenn der Partei kein anderes Rechtsmittel mehr zur Hand ist (Nr. 3), zum Zwecke der Geltendmachung des Einstellungsrechtes gegen das Urtheil (beziehungsweise das demselben zu Grunde liegende, ungehörig fortgesetzte Verfahren), welches den §§. 2 bis 5 zuwider erlassen worden ist, eine besondere Restitution. Das Rechtsmittel wird hier Klage genannt.

Die sechswöchige Präklusivfrist derselben beginnt nach dem Tage zu laufen, in welchem das Hinderniß gehoben ist. Da es nicht heißt: „an welchem die Einstellung des Verfahrens (§. 7) endet,“ so kann das „Hinderniß“ nur so ausgelegt werden, als alles dasjenige, was der Militärperson die Anfechtung unmöglich macht. Mit andern Worten: die Frist beginnt nach dem Tage zu laufen, an welchem zuerst die betreffende Person rechtlich und thatsächlich in die Möglichkeit versetzt war, das hier gebotene Rechtsmittel zu ergreifen. Dazu gehört aber unter Umständen nicht blos die Beendigung des Verhältnisses, während dessen die Einstellung begründet war, sondern oft noch mehr; namentlich die Kenntniß von dem ergangenen Urtheil, vielleicht auch Rückkehr in die Heimath u. dergl. Wollte man den im Gesetz sonst nirgends einen Anhalt findenden Ausdruck anders nehmen, so wäre der Schutz mangelhaft; und das kann nicht die Absicht sein.[47])

5) Der zweite Absatz deutet an, daß durch die besondere Aushülfe, welche im Absatz 1 für die einer solchen bedürftigen Rechtsgebiete getroffen wird, das Recht anderer Rechtsgebiete, denen ohnehin ausläglichere Remedur zu Gebote steht, nicht beseitigt sein soll. Der Vorsicht halber werden insbesondere die Bestimmungen über eine weiter, namentlich mit längerer Frist, als in Absatz 1, nach Landesrecht gegebene Restitution[48]) oder Nichtigkeitsbeschwerde vorbehalten. Eigentlich versteht sich von selbst, daß das Landesrecht, soweit nicht das vorliegende Gesetz geradezu eine Aufhebung verfügt, unberührt bleibt. Daher versteht es sich denn auch von selbst, daß, wenn selbst die Rechtsmittel der Restitution und Nichtigkeitsbeschwerde nicht benutzt werden, noch mehr die nach manchen Rechten zuläßige, dem Preußischen Recht unbekannte Anfechtung einer solchen Sentenz durch Nichtigkeitsklage oder Einrede der Nichtigkeit bestehen bleibt. Daß die gesetzwidrige Fortsetzung des Prozesses und die gesetzwidrige Ertheilung eines Erkenntnisses recht eigentlich dazu Anlaß bietet, ist zu §. 5 bemerkt worden.

Durch Absatz 2 wird für mehrere Rechtsgebiete die ganze Bestimmung des Abs. 1 gleichgültig; und in Verbindung mit dem, was oben Nr. 1 angeführt wurde, ergibt sich, daß da, wo mit der Restitution nachträglich jeder Schaden gut gemacht zu werden vermag, die in

---

[46]) Koch § 375, 380. ff.

[47]) Ein Argument dafür bietet, wenn nöthig, auch noch §. 7 Nr. 1. Anzunehmen, daß die einwöchige Frist des §. 7 Nr. 1 schlechthin ausläglich sei, um Schaden zu verhüten, ist kein Grund.

[48]) S. über deren Frist nach gem. Recht Endemann §. 247, IV.

diesem Gesetz angeordnete Einstellung möglicherweise sogar ganz entbehrt werden könnte, wenn sie auch immer insofern von Bedeutung bleibt, als sie schon präventiv den Beschädigungen der Militärpersonen vorbeugt.

§. 7.

Die Einstellung des Verfahrens endet, vorbehaltlich der Bestimmung des §. 15.:

1) wenn vier Wochen seit Ablauf des Tages verstrichen sind, an welchem das nach §. 2. maßgebende Verhältniß aufhört;
2) wenn die Militairperson die Fortsetzung des Verfahrens in Antrag bringt. Ist die Fortsetzung beantragt, so endet die Einstellung auch in Bezug auf eine gegen die Militairperson erhobene Widerklage.

(Verordnung von 1812 §. 2, 3; Verordnung von 1866 §. 7.)

Vorbehaltlich des §. 15. Wenn durch Verordnung in Gemäßheit des §. 15 die Geltung des ganzen nur für vorübergehende Zeit bestimmten (s. Bemerk. zu §. 1) Gesetzes aufgehoben wird, so enden damit allgemeinhin alle noch wirksamen Einstellungen, welche nach §. 2 bis 5 eingetreten sind.

Davon abgesehen endet die Einstellung für den einzelnen Prozeß nach Maßgabe des §. 7 auf zweierlei Weise und nur auf die hierbeschriebene zweifache Weise. Namentlich hat das Gericht, welches die Einstellung dem Gesetze gemäß hat eintreten lassen, nicht etwa diskretionäre Gewalt, dieselbe nach seinem Ermessen und Willen enden zu lassen. Ueber die Aufhebung in Folge Beschwerde s. zu §. 4, III. Die Bestimmung bezieht sich gleichmäßig auf beide in §. 4 berührte Fälle, so wohl auf den Fall, daß die Einstellung auf Antrag, wie auf den Fall, daß sie kraft des Gesetzes begonnen hat.

1) Nach Nr. 1 wird die Einstellung ohne und selbst gegen den Willen der Betheiligten beendigt durch das thatsächliche Aufhören desjenigen Verhältnisses, welches dieselbe nach §. 2 begründete. Es erhellt, daß darum mannigfache faktische Fragen entstehen können. Hierher gehört z. B. Rückkehr eines engagirten Marketenders, Austritt einer Militärperson aus dem Dienst, Aufhebung der Cernirung einer Festung u. s. w.[49])

An sich hätte die Einstellung unmittelbar mit dem Wegfall ihres Grundes aufzuhören. Um jedoch der gewesenen Miltarperson eine billige Frist für die Uebernahme des Prozesses zu gewähren, die ihr oft in jenem Zeitpunkt noch gar nicht möglich, legt das Gesetz noch vier Wochen zu.[50])

2) Nach dem ersten Satze der Nr. 2 ist der Wille der Militärperson, welche sich in dem Antrag auf Fortsetzung äußert, allgemeiner Beendigungsgrund. Ob sie, falls sie dazu im Stande, den Antrag selber

---

[49]) Vgl. Mot. zur V. O. v. 1866 S. 17.

[50]) Vgl. Allg. G.-S. I, 20 §. 20. — Ueber die Bedeutung dieser Bestimmung s. auch oben zu §. 6 Nr. 4.

stellt, oder derselbe von ihrem Bevollmächtigten oder Vertreter gestellt wird, ist einerlei. Nur die Militärpartei hat es in ihrer Hand, die Einstellung zu beseitigen, sofern dies in ihrem Interesse liegt. Namentlich wird dadurch jeder Härte der Vorschrift des §. 4 Abs. 2 über die kraft des Gesetzes eintretende Sistirung vorgebeugt. War die Einstellung beantragt (§. 4 Abs. 1), so ist der Antrag auf Fortsetzung nicht minder zulässig. Er erscheint alsdann als Zurücknahme des Antrags.[51])

Der Antrag der Gegenpartei auf Fortsetzung kommt niemals in Betracht; selbst dann nicht, wenn an sich die Fortsetzung für die Militärperson vortheilhaft erscheinen mag.

Ebensowenig kann die Gegenpartei, wenn dies auch noch so sehr in ihrem Interesse liegen sollte, dem Antrag auf Fortsetzung von Seiten der Militärpartei entgegentreten. Der Wille der letzteren hat allein entscheidende Gewalt über Fortsetzung oder Ruhenlassen. Die andere Partei muß sich unter allen Umständen den regulären Fortgang des Verfahrens gefallen lassen.

Mangels einer entgegenstehenden Bestimmung des Gesetzes ist anzunehmen, daß der Fortsetzungsantrag selbst wieder der Revokation unterliegt, welche dadurch erfolgt, daß bei Vorhandensein der gesetzlichen Erfordernisse die Wiedereinstellung beantragt wird.[52])

3) Der zweite Satz der Nr. 2 ist der Rest eines besonderen Absatzes des §. 7 der Verordnung von 1866,[53]) in welchem außer der Widerklage auch noch „der zum Zwecke der Kompensation geltend gemachten Gegenforderung" Erwähnung geschah.

Die Folge der Beendigung der Einstellung wird sonst nicht definirt und braucht nicht definirt zu werden. Sie kann nur darin bestehen, daß der Prozeß von dem Punkte an, wo dem Verfahren Halt geboten wurde, je nach dem Prozeßrechte fortgeht; und zwar der Prozeß in seiner Totalität, mit Allem, was dazu gehört. Hiernach ist es durchaus selbstverständlich, daß auch die bereits erhobene Widerklage, welche einen Bestandtheil des Prozesses bildet, von der Fortsetzung mitergriffen wird. Gleichwohl wurde die ausdrückliche Erwähnung der Widerklage für wünschenswerth erklärt und beibehalten. Sie findet sich nur bei Nr. 2. Zu Nr. 1 gilt jedoch natürlich ganz dasselbe in Betreff des Umfangs der Fortsetzung; allein man hielt dort die besondere Hervorhebung für überflüssig, weil sich dies bei dem Wegfall der Unterlage der Einstellung (des nach §. 2 maßgebenden Verhältnisses) von selbst verstehe.

Dagegen ist die Erwähnung der Kompensationseinrede aufgegeben worden. Man nahm an, daß für diese per argumentum ex majori, d. h. aus der Behandlung der Widerklage, ad minus schon das Nöthige zu folgern sei. Wollte man der Kompensationseinrede besonders gedenken, so müßte man mit demselben Fug auch noch andere Ein-

[51]) S. auch zu §. 4 Nr. 1.

[52]) Ein innerer Grund, das Dispositionsrecht in dieser Hinsicht zu beschränken liegt nicht vor. — Die Wiedereinstellung kann überhaupt nur auf Antrag eintreten Vgl. §. 4 Abs. 1.

[53]) Vgl. V.O. von 1812 §. 3 Nr. 6.

reden, die auf einem selbstständigen Thatbestande beruhen, hervorheben. Niemand zweifelt daran, daß dasjenige, was als Einrede Bestandtheil des Prozeßinhalts geworden ist, mit der Klage ruht oder der Fortsetzung unterliegt.

4) Der Paragraph, indem er in gewisser Weise zu Nr. 2 ein Dispositionsrecht über Einstellung oder Fortsetzung anerkennt, regt nothwendig die weitere, in dem Gesetze nicht berührte Frage an, wie es mit einem Verzicht auf die Einstellung zu halten sei. Der Behauptung, daß der Verzicht überhaupt ausgeschlossen sei, weil die Einstellung des Verfahrens im öffentlichen Interesse eintrete, widerspricht schon §. 7 Nr. 2. Ebensowenig aber wird sich behaupten lassen, daß überall und unbedingt ein gültiger Verzicht die Wirkung des Gesetzes vereiteln kann. Man hat zunächst zu unterscheiden:

a) Verzicht auf die eingetretene Einstellung. Was diesen anlangt, so erscheint, da §. 7 die Gründe zur Beendigung der Einstellung erschöpfend aufzählt, der Verzicht nur insofern wirksam, als er sich mit dem Antrag auf Fortsetzung verbindet oder diesen in sich schließt. Das Gericht ist (s. oben den Eingang der Bemerkung zu §. 7) nur dann, wenn ihm der Antrag auf Fortsetzung gebracht wird,[54]) nicht aber auf bloße Beibringung eines Verzichts berechtigt und verpflichtet, die einmal gewährte Sistirung zu beendigen. Ob ein solcher Verzicht unter den Parteien sonst rechtsverbindliche Wirkung haben kann, braucht hier nicht erörtert zu werden.

Da die Fortsetzung des Verfahrens oder die Fortdauer der Einstellung lediglich von dem Willen der Militärperson abhängt (s. oben Nr. 2), hat der Verzicht der Gegenpartei auf Einstellung selbst in den Fällen, in denen der Eintritt der Einstellung zu ihren Gunsten wirkt, schon aus diesem Grunde für sich allein keine Bedeutung. Es ließe sich höchstens fragen, ob die Annahme dieses Verzichtes von Seiten der Militärperson als Antrag auf Fortsetzung erscheint. Indessen wird es in solchem Falle an einem bestimmten Antrag der letztern Art nicht leicht fehlen.

Der Verzicht erweist sich mithin nur als ein für den Effekt dieses Gesetzes rechtlich gleichgültiges Motiv des Fortsetzungsantrags, der nur von der Militärperson ausgehen kann.

b) Verzicht auf die Einstellung vor Eintritt derselben. Kann sich Jemand vertragsmäßig dahin binden, daß die Einstellung, wenn auch die Voraussetzungen derselben eintreten, nicht stattfinden soll? Daß die Frage praktisch werden kann, bedarf keiner weiteren Ausführung. Nur die Bindung dessen, welcher Militärperson wird, kommt in Betracht.

Soviel ergibt sich von selbst, daß das Gericht die Einstellung zu unterlassen hat, wenn die Militärperson, bevor die Einstellung stattfindet, demselben erklärt, daß sie keine Einstellung will. Eine solche Erklärung steht dem Antrag auf Fortsetzung gleich, ist ein antizipirter Fortsetzungsantrag. Kann sie die eingetretene Einstellung beseitigen

---

[54]) Dann gilt vollständig das zu Nr. 2 über den Fortsetzungsantrag Bemerkte.

(§. 7 Nr. 2) so muß sie auch den Eintritt der Einstellung verhindern können. Ist sie vertreten (§. 4 Abs. 1), so genügt dazu schon die Unterlassung des Antrags.

Insofern hat also, und mit Recht, der Wille der Militärperson sogar darauf Einfluß, ob die kraft des Gesetzes befohlene Einstellung (§. 4 Abs. 2) effektiv werden soll. Da die Einstellung nur zu Gunsten der Militärperson eingeführt ist, hängt es von ihrem Interesse und Willen ab, von vorn herein der gesetzlichen Vergünstigung zu entsagen.

Daß der Gegner nicht die Einstellung erzwingen kann (s. zu §. 4, III), gilt auch hier.

Wie aber, wenn sich der Gegner gegenüber dem Antrag auf Einstellung oder der bevorstehenden Einstellung kraft des Gesetzes auf einen bindenden Verzicht der Militärperson beruft? Erfolgt daraufhin in dem Prozesse eine Erklärung der Militärpartei, welche geeignetenfalls das Gericht zu veranlassen suchen wird, und fällt diese in dem Sinne aus, daß die Militärpartei damit ausspricht, daß sie die Einstellung nicht will, so wird der Prozeß fortgesetzt. Liegt aber eine solche Erklärung nicht vor, so hat sich das Gericht unter den Voraussetzungen des §. 4 beziehungsweise §. 2 der danach gesetzlich gebotenen Einstellung Folge zu geben, ohne Rücksicht auf die gegnerische Behauptung oder Nachweisung eines Verzichts. Indem für das Gericht, in Betreff der Frage, ob Einstellung oder Nichteinstellung, lediglich die formalen Voraussetzuugen dieses Gesetzes in Betracht kommen, würde auch hier davon die materiellrechtliche Wirkung eines bindenden Verzichts auf die Einstellung zu trennen und der Geltendmachung eines Interesseanspruchs vorzubehalten sein. Indessen unterliegt es auch nicht unbegründeten Zweifeln, ob überhaupt der im Voraus auf die Aussicht hin, daß die Einstellung eintreten könne, abgegebene Verzicht auf das in diesem Gesetze verliehene Recht überall als eine bindende Disposition zu beachten sei.

§. 8.

Wenn die Militairperson als Mitkläger oder als Mitverklagter in dem Prozesse betheiligt ist, so tritt die Einstellung des Verfahrens nur in Ansehung der Militairperson, nicht in Ansehung der übrigen Streitgenossen ein. Das Prozeßgericht kann auf Antrag der einen oder der anderen Partei oder auch von Amts wegen die Einstellung des Verfahrens in Ansehung aller Parteien anordnen.

(Verordnung von 1812 §. 6, 7; Verordnung von 1866 §. 8.)

Hier wird verfügt, was im Falle der Streitgenossenschaft geschehen soll. Auf welchem Grunde die Streitgenossenschaft beruht und von welcher Beschaffenheit sie ist, erscheint für die prozessualische Behandlung nach §. 8 gleichgültig. Es wird lediglich in Ansehung der Militärperson eingestellt. Was daraus weiter folgt, ist eine andere Frage. Ist das Streitgenossenverhältniß ein theilbares, so kann der Prozeß bezüglich der übrigen Streitgenossen pro rata weitergehen. Liegt ein untheilbares

Verhältniß vor, so muß nach dem bestehenden Landesrecht geprüft werden, ob die in solidum berechtigten übrigen Streitgenossen trotz der Einstellung im Betreff des Einzelnen, die einem, wenn auch nur vorübergehenden, Austritt desselben aus dem Prozesse gleichsteht, den ganzen Prozeß fortführen dürfen, oder ob etwa, wie auch der Fall sein kann, in Folge der Einstellung gegenüber einem einzelnen Genossen der ganze weitere Fortgang des Prozesses gehindert erscheint. Eben, weil daraus vorab im Zusammenhange mit der Lehre von der Korrealität, leicht große Schwierigkeiten entstehen, war der zweite Satz des §. 8 geboten.

Der letztere gibt nicht bloß ausnahmsweise,[55] sondern zu freiem Ermessungsgebrauche dem Gerichte die ausgedehnteste Befugniß, in jedem Falle die Einstellung auf den ganzen Prozeß[56] zu erstrecken. Damit ist Alles gedeckt.

§. 9.

Hat die Militairperson eine Hauptintervention erhoben, so wird das Verfahren in dem Hauptprozesse nicht eingestellt. Aus dem Erkenntnisse in dem Hauptprozesse findet die Zwangsvollstreckung nur insoweit statt, als es ohne Nachtheil für die Militairperson geschehen kann.

(Allg. Ger.-Ordnung I, 18 §§. 3—6; Verordnung von 1812 §. 3 Nr. 7; Verordnung von 1866 §. 9.)

Die Haupt- (oder Prinzipal-) Intervention hat zwar auf einen andern Prozeß (hier Hauptprozeß genannt) Bezug, ist aber ihrem Inhalte nach durchaus eine selbstständige Klage und als solche zu behandeln.[57]

Ob der durch eine solche Intervention veranlaßte Prozeß einzustellen ist, richtet sich daher nach den Regeln, welche dieses Gesetz in §. 2 ff. ertheilt.

Daß durch die Einstellung des Interventionsprozesses an sich derjenige Prozeß, in Bezug auf den der Haupt-Interventionskläger immerhin als Intervenient erscheint, nicht berührt wird, folgt aus dem Karakter einer selbstständigen Klage eigentlich von selbst. Der erste Satz des §. 9 dient jedoch zur Einleitung des zweiten.

Was den letztern anlangt, so ist es, wenn der sogenannte Hauptprozeß weiter geführt wird, während die Hauptintervention sistirt werden muß, nothwendig, Etwas zur Sicherstellung der mit der Prinzipal-Intervention aufgetretene Militärperson zu thun. Da als der letzte Endzweck einer jeden Hauptintervention direkt oder indirekt der galt, die Exekution in dem Hauptprozesse zu verhindern, erschien es aus-

---

[55]) Wie der Bericht des Herrenhauses zu der V.O. von 1866 §. 8 meint.

[56]) So lautete es in der V.O. von 1866. „In Ansehung aller Parteien" in dem jetzigen §. 8 ist wohl nur ein, übrigens unschädliches, Versehen. Es sollte heißen: „aller Streitgenossen".

[57]) Wetzell §. 64; Renaud §. 153; Endemann §. 75 II. Anders als die Nebenintervention, s. oben zu §. 2. II. B.

reichend, wenn das Interesse des Haupt-Intervenienten so gewahrt werde, wie solches im zweiten Satz des §. 9 geschieht.

Ob diese Argumentation ganz zutreffend sei, steht dahin. Jedenfalls ist aber dem praktischen Bedürfniß dadurch volle Genüge geschehen, daß dem Gericht die Befugniß und die, sogar von Amtswegen zu übende Verpflichtung beigelegt wird, für die Militärperson, deren Hauptinterventionsverfahren eingestellt ist, zu sorgen und mit der Zwangsvollstreckung im Hauptprozesse insoweit einzuhalten, als jener Person irgend ein Nachtheil erwachsen könnte. Wo die Exekution in der Hand des Gerichtes liegt, macht sich die Ausübung dieser diskretionären Gewalt von selbst. Wo die Exekution durch einen Vollstreckungsbeamten ohne Mitwirkung des Gerichts geschieht, kann dem letzteren nicht die Beobachtung des §. 9 zugemuthet sein. Vielmehr muß schon bei Ertheilung der Vollstreckungsklausel das Erforderliche gewahrt werden.

Der ganze Paragraph bezieht sich sichtlich nur auf den Fall einer bereits schwebenden Hauptintervention. Für das Recht der Militärperson, vermöge dessen sie eine Hauptintervention erheben könnte, aber noch nicht erhoben hat, ist eine besondere Fürsorge nicht getroffen worden. Die Militärperson muß sich darum selber bekümmern, nöthigenfalls nach ihrer Rückkehr sehen, was sie dem noch anhängigen oder beendeten Hauptprozeß oder der bereits vollzogenen Exekution gegenüber noch auszurichten vermag.

§. 10.

Durch die Bestimmungen über die Einstellung des Verfahrens ist nicht ausgeschlossen, daß zur Sicherung der Rechte des Gegners ein Arrest angeordnet oder eine andere einstweilige Anordnung erlassen wird, soweit solche Anordnungen ohne vorgängiges Gehör der Militairperson zuläßig sind. Ein Arrest ist insofern unstatthaft, als nach den Bestimmungen des §. 12. die Zwangsvollstreckung nicht zuläßig ist.

(Allg. Ger.-O. I, 20 §. 10, 12; Verordnung von 1812 §. 10; Verordnung von 1866 §. 10.)

1) Hier ist von demjenigen Arrest und, was in der Verordnung von 1866 fehlte, von derjenigen einstweiligen Verfügung, d. h. einer provisorischen Maßregel irgend welcher anderen Art, die Rede, welche der Gegner einer Militärperson zur Sicherung[58]) seiner Rechte erwirken kann. Da Maßregeln, welche die Person der Militärpartei betreffen, unmöglich sind, handelt es sich nur um solche Verfügungen, welche Sachen, soweit solche überhaupt greifbar sind, zum Objekte haben.[59]) Auf den, nach der Theorie und Praxis, schwierigen

[58]) Ueber Arrest zu Gunsten der Militärperson s. §. 3 Nr. 1.

[59]) Der §. 10 spricht nicht von Realarrest. Die technische, partikular keineswegs gleichmäßige Definition von Real- und Personalarrest ist also nicht maßgebend. Aber man muß von vornherein bei §. 10 alles dasjenige ausscheiden, was, sei es die Person selbst, soweit Personalarrest nach dem Bundesges. vom 29. Mai 1868 betr. die Aufhebung der Schuldhaft überhaupt noch zulässig sein würde, sei es Sache, nach

Unterschied von Sicherheits- und Vollstreckungsarrest im technischen Sinne[60]) braucht hier nicht eingegangen zu werden. Die Vorschrift des §. 10 bezieht sich auf jede Arrestanlegung oder einstweilige Anordnung, welche „behufs Sicherung der Rechte“ erbeten und verfügt wird. Letzterer Ausdruck ist im weitesten Umfange zu nehmen. Er umfaßt einerseits die Sicherung der Exekution, als eines aus bereits vorliegendem Judikat begründeten oder auch erst durch demnächstiges Judikat anzuerkennenden Rechtes,[61]) andererseits auch die Sicherung von Rechten, die noch gar nicht im Prozeß geltend gemacht sind, soweit solches überhaupt zulässig. Denn es liegt kein Grund, namentlich nicht in den Eingangsworten: „durch die Bestimmungen über die Einstellung des Verfahrens“, vor, den ganz allgemeinen Satz des §. 10 etwa auf den Fall, daß der Prozeß bereits anhängig, zu beschränken. Der Arrest oder die Provisionalverfügung kann also von dem Gegner, d. h. von dem, welcher Gegner im Prozeß bereits ist oder dies werden will, auch zur Sicherung der späteren Einleitung des Prozesses erwirkt werden; nicht minder behufs der demnächstigen Fortsetzung des Verfahrens. Die Einstellung des letzteren hindert nicht, auf den Nachweis der Gefährdung und dessen, was sonst nach den Rechten zu der Erwirkung eines Arrestes gehört, eine solche Maßregel zu erlassen. Nur ist selbstredend nicht schon die Einstellung des Verfahrens nach Maßgabe dieses Gesetzes und dessen Unterlage, das Militärverhältniß des Impetraten und dessen Abwesenheit ein genügender Arrestgrund, sondern es muß darüber hinaus, wenn auch damit vielleicht in Verbindung stehend, eine besondere Gefährdung von Seiten des Arrestsuchers dargelegt werden.

Der Umfang, in welchem hiernach — das ist der Sinn des §. 10 — trotz des Prinzips des ganzen Gesetzes doch zur Sicherung der Rechte gegen die Militärperson, gleichviel ob sie einen Vertreter hat oder nicht, vorgeschritten werden darf, ist ein sehr bedeutender. Er könnte sogar, weil möglicherweise dadurch die Militärperson mit erheblicher Schädigung bedroht wird, bedenklich erscheinen, wenn nicht durch die unter Nr. 2, b zu erwähnende Beschränkung die Gefahr erheblich vermindert würde.

2) Unter den geeigneten Voraussetzungen kann der Arrest angeordnet, die einstweilige Anordnung erlassen, d. h. verfügt werden.

a) Dies darf jedoch nur insoweit geschehen, als dies nach dem Prozeßrecht auf einseitigen Antrag des Imploranten zu geschehen vermag. Soweit „vorgängiges Gehör der Militärperson“ erforderlich ist, tritt die Sistirung nach Maßgabe dieses Gesetzes in ihr Recht.

Da nun nach gemeinem Recht, wie nach neueren Gesetzen das Arrestverfahren gewöhnlich so verläuft, daß zunächst auf einseitigen Antrag (mit oder ohne Bescheinigung) die Arrestanlage verfügt, zugleich

---

dem Wesen des Militärverhältnisses unmöglich Gegenstand der Beschlagnahme sein kann. Was dazu nicht gehört, werde es auch Personalarrest genannt, wie z. B. die Beschlagnahme von Dingen, die nicht verwerthbar sind, fällt unter §. 10.

[60]) Endemann §§. 256, 268. S. auch Bundesges. vom 21. Juni 1869, betr. die Beschlagnahme des Arbeits- oder Dienstlohns §. 1.

[61]) Welches inmittelst, um Arrest zu erlangen, mindestens wahrscheinlich gemacht ist, oder wie sonst die Voraussetzungen des Arrestes lauten.

aber ein Termin (Justifikationstermin) zu zweiseitiger Verhandlung über Bestätigung oder Wiederaufhebung des angelegten Arrestes anberaumt wird [62]) so ergibt sich daraus die Grenze der in §. 10 vorbehaltenen Nichtsistirung. Jene einseitig zu ertheilende Arrestverfügung kann und muß erlassen werden; über das Weitere s. Nr. 3.

b) Die getroffene Arrest- oder Provisionalverfügung wird auch vollzogen, also namentlich der Arrest angelegt.

Für die Anlegung des Arrestes aber zieht der zweite Satz des §. 10 bestimmte Schranken durch Hinweis auf §. 12[63]).

Darnach darf die Arrestanlegung nicht in der Besitzentziehung einer beweglichen körperlichen Sache bestehen (§. 12 Nr. 1). Der Arrest kann folglich nur in einer solchen Maßregel bestehen, welche den Besitz der mit Arrest belegten Sache beläßt. Es darf ferner nach §. 12 Nr. 2, deren erster Theil für die bloße Arrestanlegung nicht in Betracht kommt, der Gehalt oder die Besoldung der Militärperson auch nicht arrestweise in Beschlag genommen werden; und endlich ist (§. 12 Nr. 3) von dem Arreste in jederlei Gestatt dasjenige frei, was die Militärperson zu ihren Ausgaben im Dienste braucht. (S. im Nähern über dies Alles die Bemerkungen zu §. 12.)

3) Was geschieht weiter, wenn der Arrest demgemäß angelegt ist? Da §. 10 schweigt, muß an sich nach dem sonstigen Prozeßrechte verfahren werden. Das Prozeßrecht verlangt regelmäßig nach einseitig erwirktem Arrest ein zweiseitiges Verfahren, gemeinrechtlich Justifikationsverfahren genannt,[64]) zur Verhandlung über die Bestätigung oder Aufhebung des Arrestes. Ein solches Verfahren kann aber unmöglich der Militärperson gegenüber eingehalten werden sollen, wenn es Hauptgrundsatz ist, daß jedes Prozeßverfahren für dieselbe sistirt werden soll (§. 2), und nur zu Gunsten der einstweilen auf einseitiges Gehör hin zu erlassenden Arrestverfügung, welche den ersten Anfang der Prozedur bildet, eine Ausnahme (s. Nr. 2a) gemacht wird. Man kann nur annehmen, daß nach angelegtem Arrest die übrige Prozedur dem Prinzip des Gesetzes entsprechend ruht. Mithin bleibt der einseitig erwirkte Arrest einstweilen, weder definitiv bestätigt, noch aufgehoben, liegen, solange nicht der Antragsteller denselben aufgeben will.

Auf solche Weise liefert § 10 das sachgemäße Ergebniß, daß er dem Gegner einer Militärperson die Möglichkeit gewährt, seine Rechte im Falle der Gefährdung oder aus besonderen Gründen für die Dauer der Einstellung zu sichern.

§. 11.

Die Einleitung und Fortsetzung des Konkursverfahrens (Falliment, Debitverfahren, konkursmäßige Einleitung u. s. w.),

---

[62]) Bayer, summ. Proz. §. 35; Endemann §. 269, II. A.

[63]) Daß dieses der Sinn des §. 10 ist, und nicht, wie von Voigtel in der Preuß. Anwaltszeitung 1866 Nr. 36 S. 566 in Betreff der V.O. von 1866 immerhin als zweifelhaft betrachtet wurde, daß die in §. 12 genannten Objekte nicht Gegenstand des Arrestes sein sollen, bedarf keiner Ausführung.

[64]) Bayer §. 35 ff.; Endemann §. 269, III; vgl. Note. 62.

der Liquidations-, Prioritäts- und Aufgebots-Prozesse, sowie unbeschadet der Bestimmungen des §. 12. der Subhastations-Prozesse, sowie unbeschadet der Bestimmungen des §. 12. der Subhastations-Prozesse wird durch den Kriegszustand nicht gehindert. Es gelten jedoch hierbei folgende nähere Bestimmungen:

1) Den Militairpersonen gehen, ohne Unterschied, ob ihre Sachbetheiligung bekannt ist oder nicht, ihre Rechte weder durch ein Kontumazialverfahren oder ein Präklusionsurtheil noch durch Vertheilung einer Masse oder durch eine andere Verwirklichung eines Kontumazial- oder Präklusions-Nachtheils verloren. Sie haben jedoch binnen sechs Monaten nach Ablauf des Tages, an welchem der Kriegszustand beendet ist (§. 15.) oder an welchem das nach §. 2. maßgebende Verhältniß aufhört, sofern dieser Zeitpunkt früher eintritt, die Rechte, welche ihnen nach der vorstehenden Bestimmung vorbehalten bleiben, erforderlichen Falls im Wege der Klage gegen diejenigen geltend zu machen, welche zu ihrem Nachtheile einen Vortheil erlangt haben.

   Ist ein Recht von der Militairperson angemeldet oder ist nach den Akten anzunehmen, daß ein solches ihr zusteht, so wird ihr dasselbe in der betreffenden Entscheidung oder Verfügung vorbehalten.

2) Wenn bei einer vorzunehmenden Vertheilung die Akten ergeben, daß eine Militairperson eine bei der Vertheilung zu berücksichtigende Forderung angemeldet hat, oder daß eine solche Forderung ihr muthmaßlich zusteht, so muß bei der Vertheilung so verfahren werden, als wenn die Forderung und das für sie in Anspruch genommene oder anscheinend begründete Vorrecht endgültig festgestellt wäre. — Die auf die Forderung fallenden Beträge sind als Spezialmassen im Depositum zurückzubehalten.

3) Ergiebt sich bei einer nothwendigen Subhastation nach Beendigung der Lizitation aus den Subhastationsakten, daß eine Militairperson wegen einer Forderung, für welche der Gegenstand der Subhastation zur Hypothek haftet oder zu deren Beitreibung die Subhastation nachgesucht ist, durch das Meistgebot nicht gedeckt wird, so ist das Subhastationsgericht befugt, den Zuschlag nicht zu ertheilen und behufs Fortsetzung der Subhastation einen neuen Bietungstermin anzusetzen, sofern die Umstände die Annahme begründen, daß ein höheres, zur gänzlichen oder theilweisen Befriedigung der Militairperson genügendes Gebot erfolgen werde.

4) Die Bestimmungen unter Ziffer 1. bis 3 gelten nicht zu Gunsten derjenigen Militairpersonen, welche unter väterlicher Gewalt, Vormundschaft oder Kuratel stehen.

(Allg. G.-O. I, 20 §§. 11, 12; V. O. von 1812 §§. 11--16; V. O. von 1866 §. 11.)

Dem Bedürfniß des Preußischen Rechts zu Liebe ist dieser Paragraph mit allen seinen Spezialitäten beibehalten worden, obgleich derselbe schon gelegentlich der V. O. von 1866 nicht unangefochten geblieben war[65]) und jedenfalls auf einfachere Sätze hätte zurückgeführt werden können.

Man will die Militärpersonen auch im Konkursverfahren, oder wie es manche Rechte nennen, Fallimentss-, Debitverfahren, konkursmäßige Einleitung u. s. w.[66]), im Liquidations-, Prioritäts- oder Aufgebotsprozesse vor Präklusion und Rechtsverlust geschützt wissen, aber zugleich die Hemmung der Rechtspflege vermeiden, welche entstehen würde, wenn jedes derartige Verfahren, bei dem eine Militärperson betheiligt ist, sistirt werden sollte.[67])

Zu diesem Behufe wird für Preußen wieder, wie in §. 6, eine eigene Restitution geschaffen[68]) und daneben dem Gerichte in gewissem Maße die Befugniß gegeben (Nr. 2, 3), die Interessen betheiligter Militärpersonen ex officio zu wahren.

Für diejenigen Rechtsgebiete, wo die gemeinrechtliche Restitution existirt, auch die amtliche Wahrung der Interessen in solcher Weise abwesender Personen sich von selbst versteht, ist die ganze Bestimmung des §. 11 überflüssig. Es wird dadurch an dem ohnehin bestehenden Recht Nichts geändert. S. auch §. 6 Abs. 2.

Der Eingang des Paragraphen lautet so unbestimmt, daß derselbe auch auf den Konkurs- oder Subhastationsprozeß bezogen werden könnte, welcher gegen eine Militärperson als Kridar oder Subhastaten zu eröffnen ist.[68a]) Allein es hieße den beabsichtigten Schutz der Militärpersonen zu einem großen Theil illusorisch machen, und dieselben gerade der empfindlichsten Benachtheiligung aussetzen, wenn gegen sie während der Kriegszeit ein Konkurs- oder Subhastationsprozeß eingeleitet werden dürfte. (Vgl. auch zu §. 2, IV.)

In den Nr. 1 bis 3 wird, wie die Motive und der Kommissionsbericht den V. O. von 1866 bestätigen nur an den Fall gedacht, wo eine Militärperson bei einem derärtigen Verfahren als Gläubiger oder Interessent betheiligt ist. Aus diesem Umstand[69]) soll nicht etwa die Sistirung des ganzen Verfahrens gefolgert werden. Insonderheit werden dadurch die Liquidations- oder Prioritätsprozesse,

[65]) S. den Kommiss. Bericht des Abgeordnetenhauses zu §. 11.

[66]) Vgl. Bundesges. v. 21. Juni 1869 betr. die Gewährung der Rechtshülfe §. 13.

[67]) Mot. der V. O. von 1866 S. 19.

[68]) Anschließend an die Kabinetsordre v. 21. Juli 1831.

[68a]) Das Aufgebotsverfahren kann sich nicht in ähnlicher Weise gegen eine Militärperson als Verklagten richten. Der Liquidations- und namentlich der Prioritätsprozeß, der zwischen zwei Gläubigern spielt, ist ein besonderer Prozeß innerhalb des eine Reihe von Einzelprozessen umfassenden Konkursverfahrens, der auch in Betreff der Einstellung sein selbstständiges Schicksal hat.

[69]) Der Ausdruck am Schlusse des ersten Satzes „wird durch den Kriegszustand nicht gehindert,“ ist nichts weniger als treffend und klar.

in denen Andere in dem eingeleiteten Verfahren begriffen sind, nicht aufgehalten.[69a]) Das Verfahren soll vielmehr unter den geeigneten Maßregeln, welche im Folgenden zum Schutze der Militärpersonen getroffen sind, seinen Fortgang nehmen.

Daß in einem gegen die Militärperson anhängigen Konkurs- oder Subhastationsverfahren Liquidations- oder Prioritätsprozesse nicht darum mitsistirt zu werden brauchen, weil das Konkurs- oder Subhastationsverfahren eingestellt ist, ergibt sich aus dem bereits Bemerkten. Bei jedem Liquidations- oder Prioritätsprozesse ist besonders zu prüfen, ob für diesen Grund zur Einstellung vorliegt. Sodann soll die Zufügung des Vorbehalts „unbeschadet der Bestimmungen des §. 12" in Betreff der Subhastationsprozesse[70]) ausdrücklich[71]) dem Irrthume vorbeugen, als könne ungeachtet des §. 12 gegen eine Militärperson im Wege der Exekution eine Subhastation eingeleitet oder fortgesetzt werden. Auch ohne diese Andeutung würde man unmöglich unterstellen, daß das Gesetz, welches die Militärperson nach Kräften gegen jeden Nachtheil sichern will, die Gefahr der allergrößten Benachtheiligung gutheißen und dem Subhastationsverfahren gegen eine Militärperson keine Hemmung entgegensetzen sollte.

Ist das nicht der Wille des Gesetzes, so muß aber weiter geschlossen werden, daß es ebenso wenig möglich sein kann, gegen eine Militärperson während der Zeit, wo alle übrigen Prozesse gegen dieselbe ruhen, ein Konkursverfahren einzuleiten oder fortzusetzen. Daß darin häufig eine noch stärkere und mindestens ebenso große Beschädigung des Abwesenden liegen würde, wie in der Einleitung der Subhastation, ist klar; anderer Gründe, welche die Gestattung der Einleitung oder Fortsetzung eines Konkurses unrathsam und unter Umständen unthunlich machen[72]), nicht zu gedenken. Hat die Militärperson für den Konkurs einen Vertreter, und als solcher kann nach der Auffassung mancher Rechtsgebiete auch der Kurator erscheinen, so hängt die Einstellung nach §. 4 Abs. 1 von dessen Antrag ab[73]).

Maßregeln, welche für die Militärperson ganz unpräjudizirlich sind, kommen nicht in Betracht; aber in deren Verhinderung den Konkurs auch nur vorbereitend einzuleiten oder gar ihn förmlich zu erkennen[74]), würde dem Grundgedanken des Gesetzes widersprechen. Die Interessen Anderer finden genügenden Schutz dadurch, daß nach §. 10 bis dahin, wo

[69a]) Was wohl kaum der Hervorhebung bedurfte.

[70]) Mot. d. V. O. von 1866 S. 20.

[71]) Ob dieser Ausdruck gelungen zu nennen, ist zu bezweifeln.

[72]) Z. B. weil der Kridar-Militär zur Auskunftsertheilung unumgänglich nothwendig ist.

[73]) Nach gemeinem Recht würde auch ohne dieses Gesetz das Gericht bei dem halb-administrativen Karakter des Konkursverfahrens diskretionär befugt sein, auf geeignete Veranlassung einstweilige Sistirung zu bewilligen oder faktisch eintreten zu lassen.

[74]) Scil. gegen ihren Willen. Wenn sie selbst die Insolvenz anzeigt oder anzeigen läßt, oder mit der Eröffnung sich einverstanden erklärt (s. §. 7 Nr. 2), ist es etwas Anderes.

die Eröffnung oder Fortführung des Konkurses möglich ist, die geeigneten Provisionalanordnungen erwirkt werden können.

1) Nr. 1 gibt jeder Militärperson, welche in einem der vorbemerkten Verfahren durch ein Kontumazial- oder Präklusivurtheil, durch eine andere präkludirende Verfügung — denn so ist der Passus „oder durch Vertheilung einer Masse“ zu verstehen — oder sonst wie dadurch, daß sie als ungehorsam behandelt oder präkludirt worden ist[75]), einen Nachtheil erlitten hat.

Restitution in Form einer Klage (vgl. §. 6). War die Militärperson vertreten, ist sie daher nicht in contumaciam behandelt, beziehungsweise präkludirt worden, so ist ihr diese Hülfe nicht gewährt[76]).

Die sechsmonatliche Frist, die vom Tage der Beseitigung des Einstellungsgrundes (vgl. §. 7 Nr. 1) und spätestens vom Tage der Beseitigung des Gesetzes (§. 15) aus berechnet wird, entspricht manchen anderen Landesrechten.

Der zweite Absatz der Nr. 1 enthält nur eine formelle Vorschrift, die Anweisung für das Gericht, ausdrücklich den Vorbehalt zu erwähnen. Materiell ändert sich dadurch Nichts.

2) Nr. 2 aber ordnet an, daß bei Vertheilungen zur Deckung angemeldelter oder sonstwie ersichtlicher Forderungen einer Militärperson die betreffenden Beträge einstweilen im Depositum zurückzuhalten sind. Diese Art zu verfahren ergibt sich aus der Natur der Sache. In andern Rechtsgebieten wird großentheils ohnehin schon so verfahren. Ungewöhnlich ist nur der Umfang, indem selbst nur muthmaßlich, nämlich nach der Ansicht des Gerichts, zustehende Ansprüche so behandelt werden sollen.

3) Nr. 3 legt dem Gericht die Pflicht auf,[77]) in dem Verkaufstermin bei der Zwangssubhastation[78]) für das Interesse der betheiligten Militärpersonen zu sorgen. Das Gesetz will nicht Sistirung der Subhastation vorschreiben. Aber das Gericht „ist befugt“, erhält also die diskretionäre Gewalt,[79]) den Zuschlag nicht zu ertheilen, und, wenn solches dem Interesse der Militärperson entsprechend erscheint, einen neuen Bietungstermin anzusetzen. Auf solche Weise hat es der Richter, zumal ihm nicht verwehrt ist, in dem neuen Bietungstermin nochmals so zu verfahren, vollkommen in der Hand, die Beendigung des Verkaufs zu Gunsten der Militärperson hinauszu-

---

[75]) Absichtlich ist nach den Mot. der V. O. von 1866 S. 20 von einer größeren Detailirung Abstand genommen. Die Bestimmung ist möglichst umfassend auszulegen. — In dem Kommiss.-Bericht des Abgeordnetenhauses zu §. 11 Nr. 1 wurden einige Bedenken erhoben, die jedoch zu Nichts geführt haben.

[76]) D. h. nach diesem Gesetz. Aber analog dem §. 6 Abs. 2 bleibt das Landesrecht, welches der Militärperson die Restitution auch für solche Fälle gibt, wo sie vertreten war, propter culpam procuratoris, oder sine culpa, aufrecht erhalten, da es nirgends aufgehoben worden ist; s. oben zu §. 6. Nr. 5.

[77]) Vgl. dazu V. O. v. 1812 §. 16. Der Fall, wo der Militärperson ein Vor-, Wiederkaufs-, oder Retraktrecht zusteht, ist hier übergangen, weil er durch Nr. 1 genügend getroffen erscheint. Mot. der V. O. v. 1866 S. 20.

[78]) Auf die freiwillige Versteigerung bezieht sich §. 11 Nr. 3 überhaupt nicht.

[79]) S. darüber Kommiss.-Bericht des Abgeordnetenhauses zu der V. O. v. 1866 §. 11 Nr 2.

schieben. Wenn dennoch das Gericht den Zuschlag ertheilt, so kann das Zuschlagserkenntniß auf den Grund hin, daß das Gericht von seinem Ermessensrechte keinen Gebrauch gemacht habe, nicht angefochten werden.

4) Nr. 4 endlich entspricht dem §. 3 Nr. 3. Denselben Personen soll auch die in §. 11 Nr. 1—3 gewährte Vergünstigung nicht zu Statten kommen. In Betreff der Auslegung, namentlich zur Vermeidung der Konsequenz, daß die Militärperson schutzlos gelassen wird, deren Vater, Vormund oder Kurator nicht im Stande ist, ihre Rechte zu wahren, ist lediglich auf das oben zu §. 3 unter Nr. 2 Bemerkte zu verweisen.

§. 12.

So lange das im §. 2. bezeichnete Verhältniß besteht, ist gegen die Militairperson die Zwangsvollstreckung wegen Geldforderungen nur mit folgenden Beschränkungen zulässig:

1) Bei der Zwangsvollstreckung in bewegliche körperliche Sachen darf der Besitz nicht entzogen werden.
2) Die Zwangsvollstreckung mittelst Verkaufs einer unbeweglichen Sache und mittelst Beschlagnahme des Gehalts oder der Besoldung ist unstatthaft.
3) Bei einer anderweitigen Vollstreckung muß der Militairperson so viel belassen werden, als dieselbe zur Bestreitung der auf den Dienst sich beziehenden Ausgaben nothwendig bedarf.

(Verordnung von 1812 § 8; Verordnung von 1866 §. 12.)

Dieser Paragraph stellt ganz generell die Zwangsvollstreckung gegen Militärpersonen unter große Beschränkungen. Er gewährt den Militärpersonen eine praktisch überaus wichtige Vergünstigung, die weit über das in den §. 2 — 5 gebotene Einstellungsrecht hinausgeht. Soweit das Verfahren sistirt und in Folge dessen ein Urtheil nicht ertheilt worden ist, kommt es nicht bis zur Exekution. Aber soweit es zur Zwangsvollstreckung kommt, soll diese in Betreff des objektiven Umfangs beschränkt sein. Es handelt sich also hier um eine ganz andere Vergünstigung, als um Einstellung, nämlich um ein Vermögensprivileg der Militairpersonen gegen Exekution.

Folgeweise ist es gleichgültig, ob die Militärperson vertreten ist oder nicht (§. 4).

Es ist ferner gleichgültig, auf welche Grundlage hin die Exekution betrieben wird, ob aus einem Erkenntniß, aus einem Mandat, aus einem Vergleichsprotokoll, aus einer vollstreckbaren Schuldurkunde, oder aus irgend einem andern Titel, auf welchen hin das Prozeßrecht des Landes die Vollstreckung zuläßt.[20]) Selbst die Zwangsvollstreckung eines im Civilprozeß gegen die Militärperson, z. B. als Zeugen, erlassenen Strafdekrets, oder einer Disziplinarverfügung, sofern

[20]) In der V. O. von 1866 §. 12 war Erkenntniß Mandat, Vergleich ausdrücklich erwähnt. Diese Exemplifikation ist gestrichen worden.

sie auf Geld lauten, kurz jede im Civilprozeß vorkommende Zwangsvollstreckung gehört hieher.

Es ist fener gleichgültig, ob der vollstreckbare Titel vor oder nach dem Zeitpunkt, wo dieses Gesetz in Kraft getreten, entstanden ist.[81])

Die Vergünstigung bezieht sich nur[82]) auf die Zwangsvollstreckung wegen Geldforderungen; das heißt nicht etwa blos wegen eines von Haus aus auf Geld lautenden Anspruchs, sondern: alle Exekutionen, welche den Zweck haben, dem betreibenden Gläubiger Geld zu verschaffen, alle auf die Erlangung von Geld gerichteten Exekutionen. Denn natürlich soll auch die Vollstreckung hieher gehören, welche die Realisirung des an Stelle eines ursprünglich andern Gegenstandes getretenen Geldinteresses bezweckt. Exekutionen, welche einen anderen Zweck haben, als die Erlangung von Geld, die z. B. die Herausgabe einer Sache oder Exmission, die Erzwingung einer Handlung oder Unterlassung bezwecken, sind von §. 12 ausgeschlossen. Ueber diese schweigt das Gesetz, sie gehen also nach der Exekutionsordnung vor sich.

Besonderer Erwähnung bedarf das Verhältniß, in welchem die Vorschriften des §. 12 zu dem Einstellungsrecht der §§. 2—5 stehen. Wie bereits bemerkt, ist die objektive Beschränkung der Exekution eine Vergünstigung für sich. Die Einstellung eines Prozesses nach Maßgabe der §§. 2 — 5 aber kann in jedem Stadium desselben eintreten, also nicht blos, wenn der Prozeß etwa schon in einer höheren Instanz schwebt, sondern auch dann, wenn bereits das einen integrirenden Theil oder ein Anhängsel des Prozesses bildende Exekutionsstadium begonnen hat. Erscheint das Exekutionsstadium als ein eigener Prozeß, so wäre erst recht eine Einstellung nach §. 2 denkbar; und nur da ließe sich die Möglichkeit eines andern Gesichtspunktes einräumen, wo die vom Gericht getrennte Exekution vielleicht gar nicht als Civilprozeß (s. zu §. 2) betrachtet wird.

Wo dagegen die Zwangsvollstreckung als letztes Stadium des bis zu ihrer Beendigung noch im Gange befindlichen Civilprozesses angesehen wird,[83]) könnte man, da das Gesetz nirgends in dieser Beziehung das Einstellungsrecht versagt, nicht ohne Schein folgern, daß neben §. 12 die Einstellung vollkommen ihren Platz behalte, daß also das Exekutionsverfahren nach denselben Grundsätzen eingestellt werden könne und müsse wie der Prozeß überhaupt. Alsdann würde nur, wenn die Einstellung nicht erfolgte, besonders in dem §. 3 Nr. 2 erwähnten Fall, vorausgesetzt, daß der Vertreter nicht die Einstellung beantragt (§. 4 Abs. 1), §. 12 wirklich zur Anwendung gelangen.

Indessen beruht §. 12 offenbar auf der anderen Unterstellung, daß wenn es sich um die Exekution gegen eine Militärperson handelt, das Verfahren nicht mehr der Einstellung unterliegt. Der in §. 12

---

[81]) Auch das war in der V. O. von 1866 ausdrücklich erwähnt, ist aber als selbstverständlich weggelassen worden.

[82]) Wie der jetzige §. 12, abweichend von §. 12 der V. O. von 1866, lautet. Damit erledigen sich großentheils die Bemerkungen von Abel in der Preuß. Anwaltszeitung 1866 Nr. 32.

[83]) Im Gebiete des altpreußischen, wie des gemeinen Rechts.

dem Sinne nach mitenthaltener Satz ist der: ist einmal ein vollstreckbarer Titel vorhanden, ist namentlich gegen die Militärperson ein vollstreckbares Erkenntniß erwirkt, was nur möglich, wenn das Verfahren bis dahin nicht eingestellt worden war, so soll nun auch die Zwangsvollstreckung vorangehen, ohne durch Einstellung nach §. 2—5 gehemmt zu werden. Eben weil dies der Fall, werden bei deren Durchführung gewisse Schranken gesetzt, die sonst, sofern die Einstellung des Exekutionsverfahrens nach §. 2—5 stattzufinden hätte, kaum nothwendig gewesen wären.

Gegen die Militärperson, d. h. zunächst als Exequenden, sei es direkt oder indirekt. Der allgemeine Ausdruck des ersten Satzes umfaßt alle Fälle. Ob die Militärperson als die eigentliche Prozeßpartei zu betrachten war, oder deren Vormund, Vater u. dgl., ist gleichgültig. Es kommt nur darauf an, daß sich die Exekution gegen ihr Vermögen richtet. Aber man wird, wie sich sogleich ergeben wird, die Nr. 1 noch etwas weiter, als blos auf den Fall, daß die Exekution gegen den Militär als Kondemnirten gerichtet ist, zu beziehen haben.

Die einzelnen Beschränkungen anlangend, welche in derselben Weise für die Arrestanlegung gelten (s. oben zu §. 10 Nr. 2 b.), so wird

1) in Nr. 1 verboten die Besitzentziehung, nicht wie in der Verordnung von 1866 die Abpfändung, oder wie §. 8 der Verordnung von 1812 sagte, die Auspfändung, von körperlichen, beweglichen Sachen. Der letztere Ausdruck ist an Stelle des in der Verordnung von 1866 gewählten „Mobilien" gewählt worden, um einen zwischen verschiedenen Gerichtshöfen aufgetauchten Zweifel abzuschneiden. Nunmehr ist es gewiß, daß nicht die technisch-juristische Qualität der Mobilie, sondern die reelle Eigenschaft der Körperlichkeit und Beweglichkeit entscheidet. Nach der jetzigen Fassung steht ferner fest, daß nicht jede Abpfändung, sondern nur diejenige Auspfändung verboten wird, welche mit Entziehung des Besitzes, Abführung der Sache in das Pfandlokal u. dgl. verbunden ist.

Des Besitzes d. h. der von der Militärperson ausgeübten und der Idee des Gesetzes nach von derselben, trotz ihrer etwaigen faktischen Entfernung, fortgesetzten Innehabung.

Eine Abpfändung, anläßlich der Exekution gegen eine dritte (Nicht-Militär-) Person, welche den Zweck hat, eine dieser gehörigen, aber im Gewahrsam der Militärperson befindliche Sache zu ergreifen, ist keine gegen die letztere als den eigentlichen Exequenden abzielende Exekution. Wäre der Eingang, wie von Nr. 1 bemerkt wurde, nur von diesem letzten Falle zu verstehen, so würde es also möglich sein, im Namen einer gegen eine andere Person in Vollzug begriffenen Exekution körperliche bewegliche Gegenstände durch Pfändung dem Besitz der Militärperson insoweit zu entziehen, als das Recht überhaupt Pfändung aus fremdem Gewahrsam gestattet. Es erhellt daraus, wenn der Militairperson bestimmte Rechte in der Sache oder auf deren Retention zustehen, große Benachtheiligungen und mindestens große und schwierige Verwicklungen entstehen können. Ist die Abpfändung solcher Sachen aus dem Besitze der Militärperson stattbaft, so kann zwar der Vertreter derselben, wenn ein solcher da ist, die prozessualisch zulässigen Mittel behufs Sicherung der Anrechte der Militärperson versuchen. Geschieht dies aber nicht, oder ist kein Vertreter da, so geräth die Militärperson, da für die Pfändung und den Verkauf von gepfändeten Mobilien eine dem §. 11 Nr. 2 und 3 analoge Vorschrift nicht ertheilt worden ist, möglicherweise in die übelste Lage, wird vielfach gar nicht im Stande sein, nach inmittelst stattgehabtem Verkauf noch ihre Besitz- oder sonstigen Anrechte noch mit Erfolg geltend zu machen, oder sich auf weitschichtige und zweifelhafte Entschädigungsansprüche vertrösten müssen.

Das kann nicht die Meinung des Gesetzes sein (vgl. Vorbemerkung). Man wird daher die Nr. 1 und im Zusammenhange damit die Worte „gegen die Militärperson" dergestalt zu verstehen haben, daß auch in den eben berührten Fällen die Besitzentziehung unstatthaft sein soll. Ein Hauptfall wird allerdings durch §. 13 Nr. 3 (s. unten) gedeckt. Allein es wäre wunderlich, wenn in allen andern Fällen, wo bekannt ist, daß eine unvertretene Militärperson Rechte an den zu pfändenden Mobilien hat,[84]) dennoch mit Besitzentziehung weiter verfahren würde. Braucht sich die Militärperson überhaupt keine Besitzentziehung durch Pfändung gefallen zu lassen, so kann sie selbst oder ihr Vertreter auch gegen eine solche pfändungsweise Besitzentziehung protestiren, welche im Besitze der Militärperson befindliche fremde Sachen trifft.[85])

Durch die Vorschrift in Nr. 1 möchte freilich nicht ausgeschlossen sein, daß unter Umständen das Gericht gegen Kaution doch die Pfändung zuläßt. Wenigstens wird man dazu da geneigt sein, wo man überhaupt mit der Kaution, zumal aber in der Exekutionsinstanz, freier zu schalten gewohnt ist. Nur liegt alsdann dem Gericht die Amtspflicht ob, für die volle Deckung des Interesses der Militärperson zu sorgen. Es braucht kaum bemerkt zu werden, daß ein solches Verfahren unter Umständen für die Militärperson vortheilhafter sein kann, als die buchstabengenaue Einhaltung der Nr. 1.

2) Nach Nr. 2 kann einmal die Zwangsvollstreckung in unbewegliche Sachen zwar begonnen, aber nicht bis dahin durchgeführt werden, daß zum Verkaufe geschritten wird.

In dieser Hinsicht ist die zu Nr. 1 a. E. berührte Frage nicht aufzuwerfen. Gemeint ist nur der Zwangsverkauf solcher Immobilien, welche der Militärperson gehören. Wegen etwaiger Besitz- oder sonstiger Anrechte an Immobilien Anderer, die der Zwangsversteigerung unterliegen, s. §. 11 Nr. 3.

Sodann wird den Militärpersonen die Vergünstigung bewilligt, daß der Gehalt oder die Besoldung derselben behufs der Exekution (sowie der Arrestirung, s. zu §. 10 Nr. 2, b.) nicht mit Beschlag belegt werden darf. Das heißt, da die Exekution in Besoldung

---

[84]) Dem Gerichte auf irgend welchem Wege. Denn ihm liegt die Sorge ob, s. die Bemerk. zu diesem §. a. E.

[85]) Mit einem Worte: es scheint doch am einfachsten und vernünftigsten, wenn man annimmt, daß für die Militärperson während ihrer Abwesenheit der status quo so weit, als irgend möglich, aufrecht erhalten wird.

oder Gehalt stets auf dem Wege der Beschlagnahme geschieht,[56]) Gehalt und Besoldung der Militärpersonen sind überhaupt keine Exekutionsgegenstände für deren Gläubiger. Dieser Satz hat den vernünftigen Grund für sich, daß den im Kriege Dienenden der Bezug in keiner Weise, auch nicht einmal durch Abzug einer Rate geschmälert werden soll.

Bei der Allgemeinheit des Verbots in Nr. 2 kann weder künftig erst fällig werdendes, noch auch bereits fällig gewordenes Einkommen dieser Art in Beschlag genommen werden.[57]) Auch leidet es keinen Zweifel, daß Angesichts der Nr. 2 selbst die Realisirung eines in futurum für eine gewisse Zeit verfügten Gehaltsabzugs, selbst wenn sie bereits für eine oder mehrere Raten in Ausführung gekommen, sistirt werden muß. Denn Nr. 2 erklärt kategorisch: „während des in §. 2 bezeichneten Verhältnisses findet eine Beschlagnahme dieser Gegenstände nicht statt.“ Insofern enthält Nr. 2 sogar ein Indult gegen bereits anhängige Exekutionsvollstreckung.

„Gehalt oder Besoldung“, diese Begriffe sind Mangels einer näheren Definition gleichfalls im allgemeinsten Sinne aufzufassen. Daß nicht etwa blos das Einkommen gemeint ist, der Gehalt oder Sold, den die Militärperson als solche in ihrer dermaligen militärischen Situation bezieht, sondern auch das Einkommen aus der um des Militärdienstes willen verlassenen bürgerlichen Stellung, ist von selbst klar. Es ist ferner nirgends angedeutet, daß darunter nur ein von dem Staate, der Gemeinde, oder einer anderen ähnlichen Stelle, oder von einer öffentlichen Anstalt ressortirendes, bei einer „Dienstbehörde“ in Beschlag zu nehmendes[58]) Einkommen gemeint sei. Man hat darunter vielmehr jedes Einkommen, auch das von einer privaten Stellung zu begreifen, das nach den gäng und gäben Ansichten als Gehalt oder Besoldung erscheint. Darnach kann es keinem Zweifel unterliegen, daß die Gehalte, welche den in irgend einem Geschäft angestellten Leuten während des Krieges fortgezahlt werden, von der Exekution befreit sind. Besonders schädlich wird es sein, ängstlich eine Grenze zwischen Gehalt oder Besoldung und Dienst- oder Arbeitslohn zu suchen.

3) In Nr. 3 wird, soweit nicht schon nach Nr. 1 und 2 die Zwangsvollstreckung ausgeschlossen ist, ganz generell den Militärpersonen eine gewisse Kompetenzwohlthat gewährt. Wieviel zur Bestreitung der hier gedachten Ausgaben gehört, darüber zu entscheiden, ist lediglich dem Richterermessen überlassen.[59]) Das Gericht hat auch lediglich nach den konkreten Umständen mit dem Begriff „der auf den Dienst

---

[56]) S. Koch §. 304 über das Preuß. Recht. Aber auch nach anderen Rechten ist diese Art der Exekution nicht anders denkbar, als durch eine Beschlagnahmeverfügung. Ob letztere blos als Beschlagnahme im Sinne des Preuß. Rechts, oder als Zwangsüberweisung, wie sie andere Rechte zulassen, erscheint, macht keinen Unterschied.

[57]) Dies geht also viel weiter als das Gesetz über die Beschlagnahme der Dienstlöhne, welches nur künftig fällig werdende befreit.

[58]) Koch a. a. O. Nr. II.

[59]) S. Mot der V. O. v. 1866 S. 21 a. E.; im Gegensatz zu §. 8 der V. O. von 1812, welche dies auf ein Attest der „Dienstbehörde“ stellte.

sich beziehenden Ausgaben zu operiren, der sich abstrakt nicht näher definiren läßt.

Im Uebrigen ist durch §. 12 an der Form des Zwangsvollstreckungsverfahrens, namentlich auch an den besonderen Vorschriften, die in Betreff der Exekution gegen Militärs bestehen,[90]) nicht das Geringste geändert.

Die Beobachtung der in §. 12 getroffenen Aenderungen ist Amtspflicht des Gerichts wie der Gerichtsvollzieher. Eine derselben zuwider laufende Vollstreckung darf nicht vorgenommen werden. Geschieht dies dennoch, so ist die Remedur oder Schadloshaltung wider die Gegenpartei, welche die gesetzwidrigen Maßregeln veranlaßt hat, möglicherweise auch wider das verantwortliche Gericht[91]) mit den nach dem gewöhnlichen Rechte zu Gebote stehenden Mitteln zu suchen. Ungerechtfertigte Anwendung des §. 12 gibt dagegen dem Gegner der Militärperson einen Beschwerdegrund.

§. 13.

Die Bestimmungen dieses Gesetzes gelten auch zu Gunsten der Ehefrauen und Pflegebefohlenen der Militairpersonen, sowie der ihrer väterlichen Gewalt unterworfenen Kinder; soweit nicht nachstehend ein Anderes bestimmt ist.

Die Bestimmungen dieses Gesetzes kommen nicht zur Anwendung:

1) wenn die Ehefrau oder das Kind nach dem bürgerlichen Rechte in dem betreffenden Falle zur selbstständigen Prozeßführung befugt ist.

2) Die im §. 2. vorgeschriebene Einstellung des Verfahrens tritt nicht ein:

   a) wenn die Ehefrau, das Kind oder der Pflegebefohlene aus einer unerlaubten Handlung, welche von ihnen begangen wurde, nachdem der Ehemann, Vater oder Vormund in das nach §. 2. maßgebende Verhältniß getreten war, oder aus einem erst nach diesem Zeitpunkte von ihnen eingegangenen Vertrage belangt ist;

   b) wenn die Ehefrau auf Zahlung eines nach dem erwähnten Zeitpunkte fällig gewordenen Miethszinses oder auf Räumung einer Miethswohnung belangt ist.

   In solchen Fällen sind großjährige Kinder und Ehefrauen zur selbstständigen Führung des Prozesses befugt; einem Minderjährigen ist von dem Prozeßgerichte für die Prozeßführung ein Vertreter zuzuordnen.

3) Die Bestimmungen des §. 12. finden nur insoweit Anwendung, als die Zwangsvollstreckung die Vermögensrechte des Ehemannes oder Vaters berührt.

---

[90]) S. Adel in der Preuß. Anwaltszeitung 1866 Nr. 32, wegen der sogenannten Paritionsordre in Gemäßheit der Kabinetsordre vom 4. Juni 1822.

[91]) Wetzell §. 36 Note 14; Endemann §. 34; Koch §. 157.

Verordnung von 1812 §. 1 Nr. 5, §. 3 Nr. 8, 9; Verordnung von 1866 §. 13.

Um die Definition des subjektiven Umfangs, in dem das Gesetz wirken soll, zu vervollständigen, was nach dem zu §. 3 Nr. 2 Bemerkten durchaus erforderlich war, hat man, anstatt den eigentlichen Grundgedanken (s. zu §. 3 Nr. 2) auszusprechen, den Umweg einer (fiktionsweisen) Gleichstellung eingeschlagen.

Die Bestimmungen dieses Gesetzes, d. h. alle nicht bloß die in Betreff der Einstellung §. 2—11, sondern auch die weiteren in §. 12 und namentlich in §. 14, obgleich derselbe hinter §. 13 steht, enthaltenen Bestimmungen.

Gelten auch zu Gunsten u. s. w. Direkt ausgedrückt ist der richtige Sinn der: die Bestimmungen dieses Gesetzes kommen der Militärperson nicht bloß für ihre eigene Person und ihre eigenen persönlichen Verhältnisse und Rechtsangelegenheiten, sondern auch für ihre Qualität als Ehemann, Vormund oder Kurator, oder väterlicher Gewalthaber und die demgemäß von ihr zu vertretenden Rechtsangelegenheiten ihrer Ehefrauen, Pflege- oder Hauskinder zu statten. Nach anderen Rechten als dem Preußischen, würde das in der Regel für selbstverständlich gelten.

Zu Gunsten ist nicht in dem Sinne wörtlich zu nehmen, daß nur die günstigen Bestimmungen des Gesetzes oder die (in concreto) günstige Anwendung desselben erstreckt werden soll. Es sind sicherlich, wie bereits erwähnt, alle Bestimmungen dieses Gesetzes gemeint, weil man davon ausging, daß das ganze Gesetz zu Gunsten der Militärpersonen erlassen sei.

Bei dem ganzen Paragraphen ist zunächst an den Fall gedacht, wo die der Gewalt Unterworfenen nicht selber Militärpersonen sind. Diese sollen nicht dadurch benachtheiligt werden, daß ihr gesetzlicher Vertreter durch den Kriegsdienst verhindert wird ihre Rechte wahrzunehmen. Indessen muß dasselbe natürlich in noch höherem Maße gelten, wenn nicht nur der gesetzliche Vertreter, sondern auch der Vertretene Militärperson ist. S. zu §. 3 Nr. 2.

Die Ausnahmen von der im Eingang des Paragraphen ausgesprochenen Regel sind folgende.

1) Nach Nr. 1: wenn die Ehefrau oder das Kind selbstständig prozeßfähig sind. Des Pflegebefohlenen wird nicht gedacht, weil vorausgesetzt wird, daß derselbe niemals prozeßfähig sei. Bei der eigentlichen Tutel ist das wohl richtig, während sich nicht bestimmt übersehen läßt, ob nicht das Landesrecht Kuratelen kennt, welche die Prozeßfähigkeit des Kuranden nicht ausschließen. Indessen gleichviel, auf den letztern Fall erstreckt das Gesetz die Ausnahme nicht.

Die Ehefrau und das Hauskind, die zu selbstständiger Prozeßführung befugt sind (persona standi in judicio), sind selbst die Partei. Daher entscheidet nicht die Qualität des Ehemanns oder des Vaters als Militärperson, sondern ihre eigene darüber, ob die Bestimmungen dieses Gesetzes, and zwar, obgleich zunächst nur ihre

Prozeßfähigkeit betont wird,[92]) nicht blos die prozessualischen, sondern alle, auf sie Anwendung erleiden. Sind Frauen oder Hauskinder selbst Militärpersonen, so stehen sie erst recht unter dem Schutze dieses Gesetzes. Insofern erweist sich der lediglich zu Nr. 1 gehörige Eingang: Die Bestimmungen — kommen nicht zur Anwendung als ungenau. Indessen wird, da offenbar nur gemeint sein kann: „die vorstehende Bestimmung des Absatz 1 kommt nicht zur Anwendung“, das richtige Urtheil dadurch nicht gestört werden.

2) Die Bestimmung in Nr. 2[93]) geht nur die Einstellung der Prozesse (§. 2) und, nachdem Nr. 1 vorangegangen, nur den Pflegebefohlenen, sowie diejenige Ehefrau und dasjenige Hauskind an, welche nicht im Sinne der Nr. 1 prozeß- und rechtsfähig sind. Nur für diese haben die in Nr. 2 enthaltenen beiden Vorschriften, von denen die eine (unter b.) einen ganz vereinzelten Punkt betrifft, noch Bedeutung neben Nr. 1. Insoweit aber liegt eine intensive Abänderung des bestehenden Rechts vor, wie aus dem zweiten Absatze der Nr. 2 erhellt.

Die Ausnahme

a) unter Lit. a. beruht auf demselben Gedanken, wie die Ausnahme in §. 3 Nr. 2, welche dort zu dem entgegengesetzten Resultat (Einstellung) führte. Der dort aufgestellte Begriff der „eigenen Handlung“ wird hier nur für den bestimmten Zweck spezialisirt. Eigene Handlungen, vorgenommen nach dem Zeitpunkt, wo der gesetzliche Vertreter Militär geworden, sind sowohl Delikts-, als auch Vertragshandlungen. S. zu §. 3 Nr. 2.

Die weitere Bestimmung

b) unter Lit. b. ist wegen der großen lokalen Bedeutung für manche Orte aufgenommen worden. Wenn die Ehefrau — belangt ist, das heißt: aus einem Miethverhältniß, in welches sie selbst eingetreten ist. Auf den von dem Ehemann geschlossenen Miethvertrag bezieht sich das nicht, insofern die Ehefrau aus diesem gar nicht belangt werden kann, weil ihr die passive Sachlegitimation fehlt.[94])

Die Ansprüche gegen den Ehemann - Militärperson unterliegen, auch wenn sie aus einem Miethvertrage stammen, der Sistirung. Dagegen fällt die Einstellung hinweg für die Ansprüche dieser Art aus dem Miethvertrage, den die Ehefrau geschlossen hat, obwohl nach dem sonst bestehenden Rechte der deshalbige Prozeß nicht ein Prozeß mit der Ehefrau, sondern mit dem Ehemann gewesen sein würde.

In den vorerwähnten Fällen soll keine Einstellung des Verfahrens und (vgl. zu §. 3 unter Nr. IV.) keine Hinderung der Klaganstellung eintreten, scilicet: „wenn die Ehefrau, das Kind oder der Pflegebefohlene nicht selbst Militärperson ist.“ S. oben und §. 3 Nr. 2.

---

[92]) Wer prozeßfähig ist, ist auch rechts- und vertragsfähig. Daher erscheint es wenigstens nicht als Widerspruch, wenn die Anwendung materiellrechtlicher Sätze, wie der des §. 14, hier von der Prozeßfähigkeit abhängen. Der Ausdruck erklärt sich zur Genüge daraus, daß früher §. 14 gar nicht vorhanden war.

[93]) Sie schließt sich an das Ges. vom 3. Sept. 1792 und die Reskripte v. 11. und 18. März 1793 an. Vgl. auch Kabinetsordre vom 4. Juni 1832 und vom 5. Dez. 1835, welche bei den die Legitimation betreffenden Vorschriften zum Vorbild gedient haben. Mot. der V. O. von 1866 S. 22.

[94]) Mot. der V. O. von 1866 S. 22.

Der zweite Absatz der Nr. 2 zieht das Resultat, indem er erklärt, daß im Umfange der Lit. a. und b. der Prozeß nicht mehr ein Prozeß des Ehemanns, väterlichen Gewalthabers oder Vormundes ist, und besagt zugleich, wie es mit der Prozeßlegitimation zu halten sei. Großjährige Hauskinder und Ehefrauen werden in tantum der väterlichen und ehelichen Gewalt entledigt. Minderjährigen, Ehefrauen, Hauskindern und Pflegebefohlenen — denn auf alle bezieht sich der generelle Ausdruck „Minderjährige" — soll an Stelle des verhinderten Gewalthabers ein Vertreter ad hoc bestellt werden; ein Satz, der vorzugsweise geeignet gewesen wäre, zur vollen Deckung des Bedürfnisses auch nach §. 3 hin erweitert zu werden.

Direkt nicht gesorgt ist für die großjährigen Pflegebefohlenen. Indessen wird man kein Bedenken tragen auf diese, wenn sie nach dem Rechte keine persona standi haben, die für Minderjährige gegebene Bestimmung wegen völliger Gleichheit des Grundes analog anzuwenden.

Wieder nach einer ganz anderen Richtung zielt

3) die Nr. 3. Der Ausdruck ist nichts weniger als präzis.[95])

Was gewollt ist kann nur das sein: die Exekution in das Vermögen der Ehefrau oder des Hauskindes einer Militärperson bleibt an sich zulässig; die beschränkenden Bestimmungen des §. 12 finden keine Anwendung. Es kann mithin gegen die Ehefrau oder das Hauskind nicht nur mit Pfändung von Mobilien, sondern auch mit dem Zwangsverkauf von Immobilien und mit Beschlagnahme von Gehalt oder Bedung, alles dies ohne Rücksicht auf die im §. 12 Nr. 3 gewährte Kompetenz, vorgeschritten werden — vorausgesetzt natürlich, daß nicht die Ehefrau oder das Hauskind selber Militärperson ist. Aber diese Exekution soll die Vermögensrechte des Ehemanns oder Vaters unberührt lassen. Insbesondere soll das ehemännliche oder väterliche Nießbrauchsrecht nicht dadurch geschädigt werden. Indessen lautet der Ausdruck „Vermögensrechte" so, daß alle denkbaren Anrechte vermögensrechtlicher Beschaffenheit, gleichviel aus welchem Titel, auch aus Vertrag, keineswegs nur aus dem Gewaltsverhältniß entspringende, darunter begriffen sind. Der Ehemann oder Vater, welcher Militärperson ist, soll überhaupt bei einer Exekution gegen die Ehefrau oder das Kind, wegen seiner diesen gegenüber bestehenden Vermögensrechte, nicht schlechter fahren, als es § 12 bei einer gegen ihn selbst ausgebrachten Exekution will.

Mithin darf die Exekution gegen die Ehefrau oder das Kind nicht durch Pfändung beweglicher körperlicher Sachen unter Besitzentziehung geschehen, wenn dem Ehemann oder Vater ein Vermögensrecht an der zu pfändenden Sache zusteht. Um die letzteren zu schützen, werden indirekt die ersteren gegen eine solche Abpfändung geschützt. Insofern wird hier, freilich nur in einem beschränkten Umfange, diejenige Richtung der Anrechte einer Militärperson an fremden Vermögensstücken ausdrücklich

[95]) Nach dem Wortlaute könnte man leicht sogar zu einem ganz falschen Satz gelangen, nämlich zu dem, daß die Exekution gegen die Ehefrau, oder das Hauskind (in deren Vermögen) den Beschränkungen des §. 12 unterliegen solle, sobald eine solche Exekution „Vermögensrechte des Ehemanns oder Vaters berührt".

hergestellt, die oben zu §. 12 Nr. 1 als allgemein nothwendig bezeichnet wurde.

Es darf ferner nicht im Wege der Exekution gegen die Ehefrau oder das Kind zu dem Zwangsverkauf solcher Immobilien geschritten werden, an denen der Ehemann oder Vater Vermögensrechte hat. Dieselben würden für den Fall, daß es zum Verkauf kommen könnte, schon einigen Schutz nach §. 12 Nr. 3 haben. Hier wird jedoch unter den Voraussetzungen des §. 13 ein viel weiter gehender Schutz dadurch gewährt, daß der Verkauf unstatthaft sein soll.

In ähnlicher Weise darf eine Beschlagnahme von Gehalt oder Besoldung der Ehefrau oder des Hauskindes nicht stattfinden, sofern der Ehemann oder Vater an diesem Einkommen irgend welche Vermögensrechte, kraft Gesetzes oder Vertrages, erworben hat.

Ja selbst die Nr. 3 des §. 12 muß beobachtet werden. Die Exekution gegen Ehefrau oder Hauskind darf auf Vermögensstücke, an denen Rechte des Vaters oder Ehemanns existiren, niemals soweit gehen, daß dadurch dem Vater oder Ehemann dasjenige geschmälert würde, was er aus dem Vermögen der ersteren zur Bestreitung seiner auf den Dienst bezüglichen Ausgaben nothwendig bedarf.

Man sieht also, die Vermögensrechte des Vaters und des Ehemannes, welche Militärpersonen sind, sollen gegenüber der Exekution gegen das Kind oder die Ehefrau vollständig geschützt sein. Um dieses Schutzes willen, aber auch nur insoweit, werden Ehefrau und Kind bei der Exekution geschont.

Der Vormund ist nicht erwähnt, obgleich es keineswegs undenkbar ist, daß derselbe an dem Vermögen des Pflegebefohlenen in ähnlicher Weise Vermögensrechte haben kann, die an sich, wenn der Vormund Militärperson ist, denselben Schutz verdienen würden.

§. 14.

> Von dem Tage der Verkündigung dieses Gesetzes bis zu dem Zeitpunkte, in welchem der Kriegszustand als beendet anzusehen ist, ruht die Verjährung sowohl zu Gunsten der Militairpersonen, als zu Gunsten der Gegner derselben.

Dieser Paragraph, dessen Wichtigkeit sofort erhellt, ist dem Gesetze neu hinzugefügt worden, an Stelle des gestrichenen §. 4 der V. O. von 1866. S. über den letzteren oben Not.

Die dort in Betreff der Anstellung neuer Klagen gegen Militärpersonen getroffenen Anordnungen mußten ungenügend erscheinen. Man hielt es für richtiger, der Sache anders zu Leibe zu gehen und die Anstellung neuer Klagen für oder wider Militärpersonen zwar nicht zu verbieten, aber dadurch, soweit als irgend thunlich, zu ersparen, daß man jeden aus der Unterlassung der Klaganstellung hervorgehenden Nachtheil hinwegräumte. Entschloß man sich einmal solchergestalt, die Extinktivverjährung zu sistiren, so war kein Grund, mit der Acquisitivverjährung anders zu verfahren. Es ergab sich daher der allgemeine, allerdings tief in das materielle Civilrecht einschneidende, jedoch innerlich vollkommen berechtigte Satz: während des Kriegszustandes soll den Militärpersonen keine Verjährung laufen. War das aber zu Gunsten der Militärpersonen gerechtfertigt, so forderte die Gerechtigkeit umgekehrt, daß auch zu Gunsten derjenigen, denen gegenüber der Militärperson eine Verjährung im Laufe begriffen, diese Verjährung sistirt werde. Für die Militärs tritt also pro und contra ein justitium der Verjährung in der unbedingtesten und umfassendsten Weise ein.

Die Verjährung, ein jeder Zeitablauf, längerer oder kürzerer, von dem, sei es nach gemeinem Recht, sei es nach partikularem Gesetz der Erwerb oder der Verlust von Rechten abhängt, ruht, d. h. wird unterbrochen während der Dauer des Kriegszustandes. Anders als in §. 5 Abs. 2 in Betreff der prozessualischen Fristen mußte hier verfügt werden, daß nur die Zeit, während der Jemand die Eigenschaft einer Militärperson besitzt, auf die zur Vollendung der Verjährung erforderliche Zeit nicht einzurechnen ist. Nach Beendigung dieser Unterbrechung gehört zur Vollendung der Verjährung noch diejenige Zeit, welche bei Eintritt der Unterbrechung dazu noch fehlte.

Scheinbar wird das Ruhen der Verjährung unbedingt für die ganze Dauer vom Tage der Publikation des Gesetzes (s. §. 16) bis zu dem Tage, wo der Kriegszustand nach §. 15 beendet ist, ausgesprochen. Man könnte durch den Wortlaut vielleicht verführt werden, diese ganze Zeit dem Ruhen in Anrechnung zu bringen, auch wenn die betreffende Person erst nach Publikation des Gesetzes, wenn nur vor Beendigung des Kriegszustandes, Militärperson geworden wäre. Indessen leuchtet ein, daß dies absurde Folgen haben müßte. Man wird sich also vielmehr daran halten, daß das Ruhen zu Gunsten der Militärperson und zu Gunsten des Gegner derselben angeordnet sein soll, und daß von einer Militärperson erst die Rede sein kann, wenn die Voraussetzungen dieses Begriffs (s. zu §. 2, II) für die Einzelnen erfüllt sind. Erst von diesem Moment an kann von der Wirksamkeit des §. 14 die Rede sein, die folglich so zu lesen ist: während der Zeit von der Verkündigung des Gesetzes an bis zur Beendigung des Kriegszustandes (§. 15) ruht zu Gunsten der Militärperson[96]) und der Gegner derselben die Verjährung so lange, als die Eigenschaft einer Militärperson begründet ist.

§. 15.

Der Zeitpunkt, in welchem der Kriegszustand als beendet

---

[96]) Ich habe in den erläuternden Bemerkungen immer Militärperson geschrieben, dies Gesetz schreibt, wunderlich genug, Militairperson. Mit welcher Zähigkeit bei dem Druck der Gesetze alter, aber nicht guter, Brauch festgehalten wird, davon bietet das Bundesgesetz vom Juli 1870 betreffend die Aktiengesellschaften ein lehrreiches Beispiel. Obgleich im Reichstag in den Gesetzentwurf statt „Aktionair" immer „Aktionär" hineinkorrigirt worden und so die Genehmigung erfolgt war, heißt es im Gesetzblatt doch wieder „Aktionair", und zwar, trotzdem daß das Gesetz nur eine Modifikation des Handelsgesetzbuchs sein soll, im Widerspruch mit dem Handelsgesetzbuch!

anzusehen ist, wird durch Verordnung des Bundes-Präsidiums bestimmt.

V. O. von 1866 §. 14.

Daß das Gesetz überhaupt nur zu vorübergehender Geltung bestimmt ist, s. §. 1.

Hier handelt es sich nur darum, in welcher Weise der Zeitpunkt zu bestimmen ist, mit dem seine Wirksamkeit aufhört[97]). Vergl. Note 11.

Mit dem Tage, wo das Gesetz außer Kraft tritt, endet jede zu dieser Zeit noch bestehende Einstellung des Prozesses (§. 7 zu Eingang), jede bis dahin gebotene Beschränkung der Exekution (§. 12) und jede Unterbrechung der Verjährung, wie §. 14 ausdrücklich sagt.

§. 16.

Dieses Gesetz tritt in Kraft an dem Tage, an welchem es durch das Bundesgesetzblatt verkündigt wird.

Die Publikation ist am 21. Juli 1870 erfolgt.

[97]) Bei der jetzigen Behandlung sind die Bedenken der Kommission des Abgeordnetenhauses in dem Bericht zu §. 14 der V.-O. von 1866 wegen der Verfassungsmäßigkeit der Bestimmung jedenfalls erledigt.

Berlin, Druck von Eduard Weinberg.

FSC
www.fsc.org
MIX
Papier | Fördert
gute Waldnutzung
FSC® C083411

Kolibri 360 GmbH
Ferdinand-Jühlke-Straße 7
99095 Erfurt, Deutschland
produktsicherheit@kolibri360.de